Traité
COMPLET
D'HARMONIE

PAR

CATEL,

Membre du Conservatoire

[illegible] approuvé par une commission composée
[illegible] MM. [illegible] Cherubini, Gossec, [illegible] Méhul

Adopté par le Conservatoire

pour servir à l'Étude dans cet Établissement

Prix : 15f.

Paris, L. VIEILLOT, Éditeur, rue Notre-Dame de Nazareth, 32.

Traité complet d'harmonie

PAR

CATEL,

Membre du Conservatoire

Ouvrage approuvé par une Commission composée de MM. Berton, Cherubini, Gossec, Langlé, Le Sueur, Méhul &c.

Adopté par le Conservatoire,

pour servir aux Études dans cet Établissement

Prix : 15f

Paris, L. VIEILLOT, Éditeur, rue Notre-Dame de Nazareth, 32.
1874

ARTICLE PRÉLIMINAIRE.

INTERVALLES.

L'intervalle est la distance qui sépare une note d'une autre.

En harmonie, les intervalles se comptent en partant du grave à l'aigu; et la basse étant la partie la plus grave, c'est d'après elle que l'on compte les intervalles qui forment les accords.

La gamme renferme les intervalles de *Seconde*, *Tierce*, *Quarte*, *Quinte*, *Sixte*, *Septième* et *Octave*. Ex: 1er.

En doublant les intervalles on trouve ceux de *Neuvième*, *Dixième*, *Onzième*, *Douzième*, *Treizième*, *Quatorzième*, et *Quinzième* qui sont la répétition des premiers, à l'octave au dessus. Ex: 2.

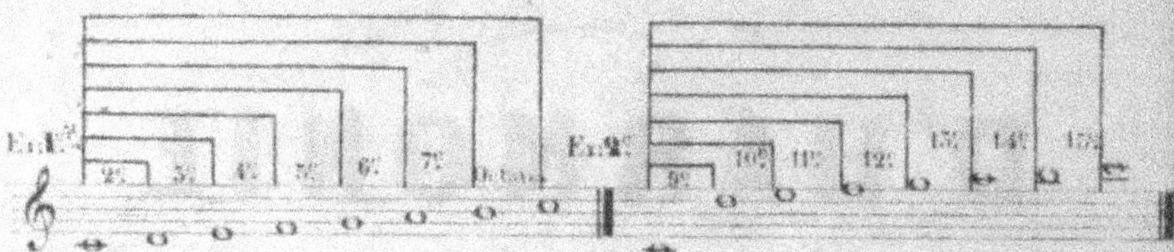

En renversant les intervalles, c'est-à-dire en transportant le grave à l'aigu, *L'unisson* devient *Octave*, la *Seconde* devient *Septième*, la *Tierce* devient *Sixte*, la *Quarte* devient *Quinte*, la *Quinte* devient *Quarte*, la *Sixte* devient *Tierce*, la *Septième* devient *Seconde* et *L'Octave* devient *Unisson*.

Chacun de ces intervalles se présente sous trois faces différentes.

TABLEAU des INTERVALLES

et leurs renversement sous les trois faces différentes.

L'intervalle mineur, majeur et augmenté, ou diminué.

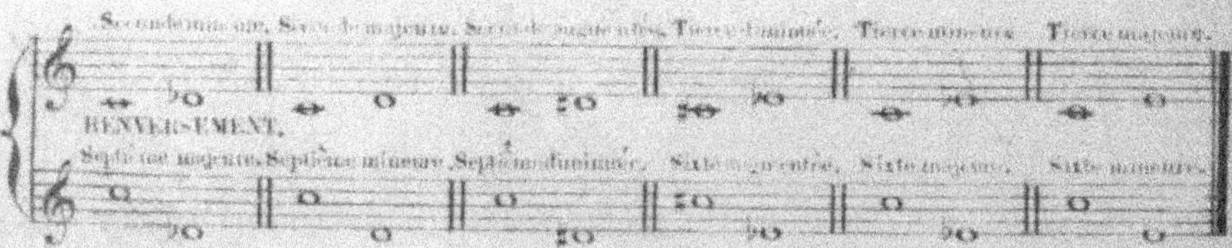

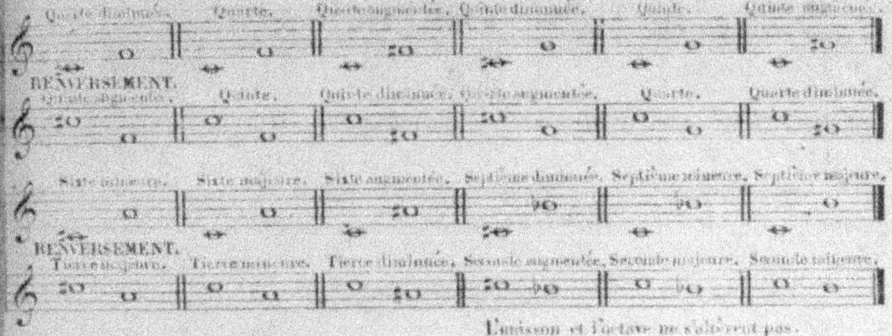

L'unisson et l'octave ne s'altèrent pas.

CONSONNANCES et DISSONNANCES.

Les intervalles sont divisés en intervalles consonnans et dissonnans.

Les intervalles consonnans sont: la *Tierce*, la *Quinte*, la *Sixte* et l'*Octave*.

Tierce. Quinte. Sixte. Octave.

EXEMPLE.

La quarte étant un renversement de quinte, devrait être considérée comme consonnance, mais son effet étant beaucoup moins agréable que celui de la quinte, elle est regardée comme dissonnance contre la basse, et comme consonnance entre les parties intermédiaires et supérieures.

Quarte dissonnante. Quarte consonnante.

EXEMPLE.

Néanmoins, la quarte est employée comme consonnance dans le second renversement de l'accord parfait; aussi ce renversement est-il le moins agréable et le seul dont on ne puisse pas former une succession.

Les intervalles dissonnans sont: la *Seconde*, et la *Septième*. Exemple. Seconde. Septième.

Les consonnances sont divisées en parfaites et en imparfaites.

Les consonnances parfaites sont: la *Quinte* et l'*Octave*.

Quinte. Octave.

EXEMPLE.

On les nomme parfaites, parcequ'elles ne peuvent être altérées sans cesser d'être consonnantes.

La quinte ne pouvant être altérée sans cesser d'être consonnante, on doit regarder la quinte diminuée et la quinte augmentée comme intervalles dissonnans.

Les consonnances imparfaites sont: la *Tierce* et la *Sixte*.

EXEMPLE. Tierce mineure. Tierce majeure. Sixte mineure. Sixte majeure.

On les nomme imparfaites, parcequ'elles peuvent être majeures et mineures sans cesser d'être consonnantes.

La tierce et la sixte n'étant consonnantes que lorsqu'elles sont majeures et mineures, on doit regarder la tierce diminuée et la sixte augmentée, comme intervalles dissonans.

MOUVEMENS.

Il y a trois mouvemens: le mouvement *Direct*, le mouvement *Oblique*, et le mouv! *Contraire*.

Le mouvement direct est celui que font deux parties qui montent ou descendent en même tems.

Mouvement Direct.

EXEMPLE.

Le mouvement oblique est celui que font deux parties, dont l'une reste au même dégré, pendant que l'autre monte ou descend.

Mouvement Oblique.

EXEMPLE.

Le mouvement contraire est celui que font deux parties dont l'une monte pendant que l'autre descend.

Mouvement Contraire.

EXEMPLE.

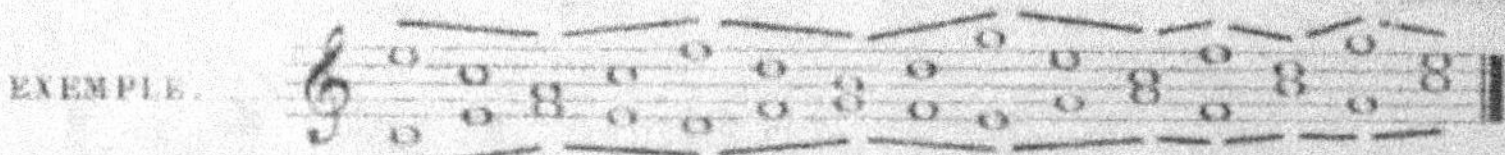

Le mouvement oblique, et surtout le mouvement contraire, sont ceux qui offrent le plus de ressources et de richesses dans l'harmonie.

MARCHE DES CONSONNANCES.

Une succession de consonnances parfaites ne s'emploie que par le mouvement oblique et le mouvement contraire seulement.

Mouvement Oblique. Mouvement Contraire.

EXEMPLE.

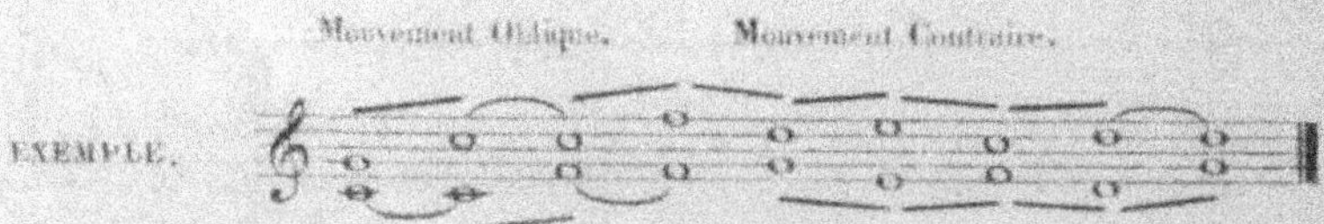

L'emploi du mouvement direct, pour les consonnances parfaites produirait des quintes et les octaves de suite, soit directes, soit cachées, ce qu'il faut éviter avec soin.

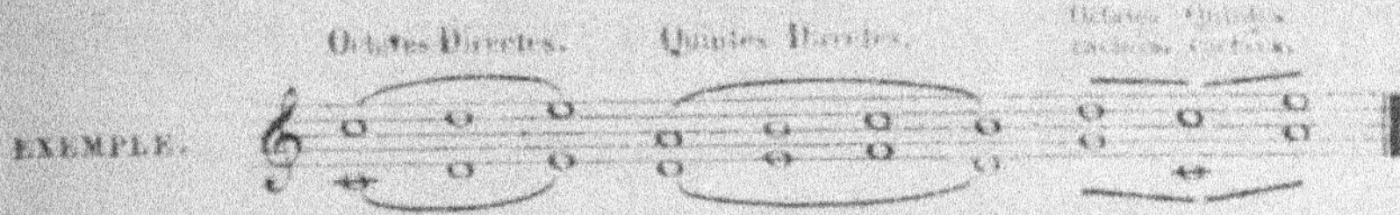

A trois et à quatre parties, les quintes et les octaves cachées sont tolérées dans les parties intermédiaires, entre les consonnances seulement.

Une succession de consonnances imparfaites s'emploie par les trois mouvemens.

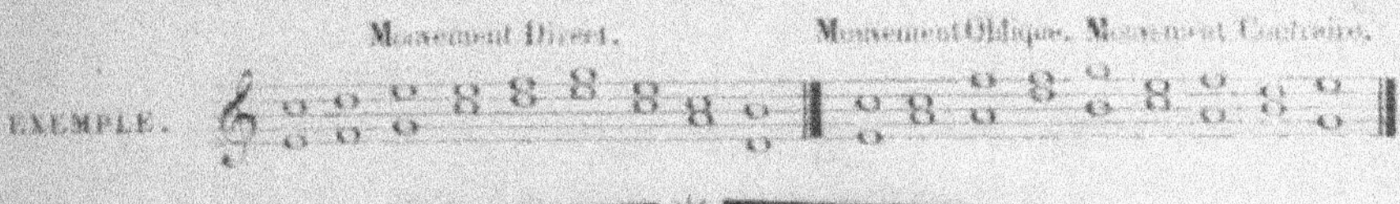

ARTICLE PREMIER.

THÉORIE GÉNÉRALE DES ACCORDS.

Il n'existe en harmonie qu'un seul accord qui contient tous les autres.

Cet accord est formé des premiers produits du corps sonore, ou des premières divisions du monocorde.

Une corde tendue donne dans sa totalité un son que je nommerai *Sol*. Sa moitié donne un *Sol* à l'octave du 1er son tiers donne un *Ré* à la 12e son quart donne un *Sol* à la double octave, son 5e donne un *Si* à la 17e son 6e donne un *Ré* octave du tiers, son septième donne un *Fa* à la 21e son huitième donne un *Sol* à la triple octave, son neuvième donne un *La* à la 23e

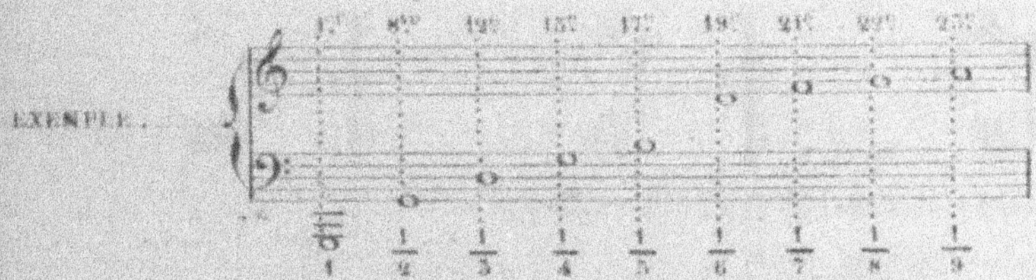

Ainsi, en partant du quart de la corde, ou de la double octave du premier son, on trouve en progression de tierces l'accord *Sol, Si, Ré, Fa, La*.

Ex:

1/8 1/9 1/10 1/11 1/12 1/13 1/14 1/15 1/16 1/17

En commençant cette opération à la triple octave, qui est le huitième de la corde, et baissant les notes intermédiaires on trouve l'accord *Sol, Si, Ré, Fa, La♭*, qui est le même accord que le précédent dans le mode mineur. Ex:

Cet accord contient tous ceux qui sont pratiqués dans l'harmonie, savoir:

Ces accords, et leurs renversemens, sont les seuls qu'on puisse faire sans aucune préparation. Ils formeront ce que je nommerai *Harmonie simple ou naturelle*.

Les autres accords introduits dans l'harmonie se forment par la prolongation d'une ou plusieurs notes d'un accord sur l'accord suivant. Ils formeront l'*Harmonie composée*.

ARTICLE. II.

ACCORD PARFAIT MAJEUR.

L'accord parfait majeur est composé de tierce majeure et quinte.

On le chiffre par 5, ou 3, ou 8, suivant les cas. *Voyez* Ex: 1er

Son premier renversement ou dérivé est composé de tierce mineure et sixte mineure.

On le nomme accord de sixte. Il se chiffre par 6. *Voyez* Ex: 2e

Son deuxième renversement est composé de quarte et sixte majeure.

On le nomme accord de quarte et sixte. Il se chiffre par $\frac{6}{4}$. *Voyez* Ex: 3e

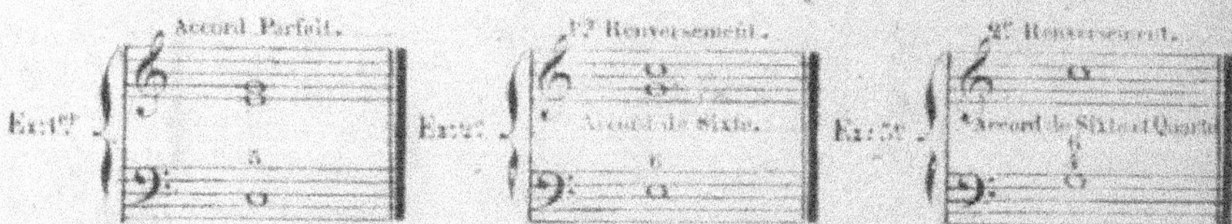

L'accord parfait majeur se pose sur la tonique. On le pose aussi sur la soudominante et la dominante du mode majeur, et sur la dominante et la sixième note du mode mineur.

MODE MAJEUR. MODE MINEUR.

EXEMPLE.

Soudominante. Dominante. Dominante. Sixième note.

ACCORD PARFAIT MINEUR.

L'accord parfait mineur est composé de tierce mineure et quinte. Ex: 1r

Son premier renversement est composé de tierce majeure et sixte majeure. Ex: 2.

Son deuxième renversement est composé de quarte et sixte mineure. Ex: 3e.

On chiffre cet accord et ses dérivés comme le majeur, en indiquant aux chiffres les altérations qui ne seraient pas à la clef.

L'accord parfait mineur se pose sur la tonique du mode mineur, et sur la quatrième note du même mode. *Voyez* Ex: 1r

Dans le mode majeur, l'accord parfait mineur se pose sur la deuxième, la troisième et la sixième notes. *Voyez* Ex: 2.

Ex: 1r MODE MINEUR. Ex: 2e MODE MAJEUR.

Tonique. Sousdominante. 2e Note. 3e Note. 6e Note.

ACCORD DE QUINTE DIMINUÉE.

L'accord de quinte diminuée est composé de tierce mineure et quinte diminuée.

Il est composé de tierce et quinte, comme les accords parfaits; mais on ne lui donne pas la qualité de parfait, à cause de la quinte diminuée qui n'est pas un intervalle consonnant. On le chiffre par 5.

Son premier dérivé est composé de tierce mineure et sixte majeure. On le chiffre par + 6.

Son deuxième dérivé est composé de quarte augmentée et sixte majeure. On le chiffre par + $\frac{6}{4}$.

EXEMPLE. Accord de quinte diminuée. 1er Dérivé. 2e Dérivé.

L'accord de quinte diminuée se pose sur la note sensible du mode majeur, et sur la deuxième note du mode mineur.

OBSERVATION.

Quoique l'intervalle de quinte diminuée ne soit pas consonnant, on ne peut pas cependant classer cet accord dans le nombre des accords dissonnans puisqu'aucune des notes qui le composent n'a une marche déterminée, (Comme l'ont toutes les dissonnances) et qu'elles peuvent toutes monter, descendre ou rester en place; d'où l'on peut conclure que, si cet accord est moins parfait que les deux autres, il peut néanmoins être employé à faire un repos momentané avant d'arriver à un repos plus parfait; ainsi, il doit être classé avec les accords consonnans.

Toutes les notes de la gamme sont susceptibles de recevoir l'accord parfait.

Les accords parfaits doivent se succéder de manière qu'au moins une note d'un accord fasse partie de l'accord suivant.

La meilleure manière d'unir entre-eux les accords parfaits est d'en préparer la quinte.

Néanmoins on peut faire plusieurs accords parfaits de suite sans aucune liaison; dans ce cas il faut employer le mouvement contraire dans les parties, afin d'éviter les quintes de suite qui en résulteraient nécessairement par le mouvement direct.

Suite d'accords parfaits, où toutes les quintes sont préparées.

Suite de sixtes, premier renversement de l'accord parfait.

Le second renversement donnerait une suite de quarte et sixte qui n'est point usitée, à cause de son effet vague et de sa tendance à la dureté.

L'accord de quarte et sixte ne s'emploie guères que sur la tonique, et sur la dominante.

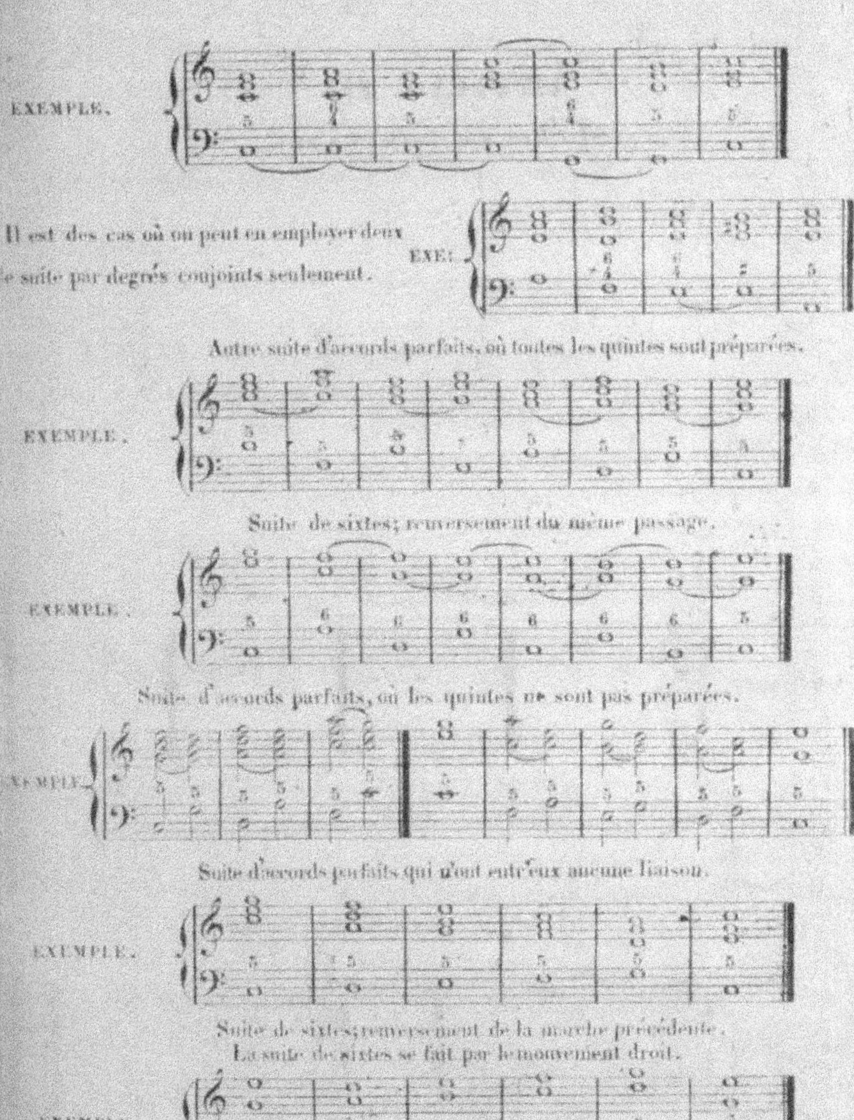

Suite d'accords parfaits en descendant. Suite de sixtes; renversement de la précéd.

EX:

ARTICLE III.

SEPTIÈME DOMINANTE.

L'accord de septième dominante est composé de tierce majeure, quinte et septième mineure. On le chiffre par $\frac{7}{+}$ ou 7. Il se pose sur la cinquième note du ton.

La septième est dissonante et doit descendre d'un degré, et la note sensible doit monter d'un degré.

Son premier renversement est composé de tierce mineure, quinte diminuée et sixte mineure. On le chiffre par $\frac{6}{5}$.

On le nomme accord de sixte et quinte diminuée. Il se pose sur la note sensible.

Son deuxième renversement est composé de tierce mineure, quarte et sixte majeure.

On le chiffre par $\overset{+}{\underset{3}{4}}$ ou +6. On le nomme accord de sixte sensible.

Il se pose sur la deuxième note du ton.

Son troisième renversement est composé de seconde majeure, quarte augmentée ou triton, et sixte majeure. Il se chiffre par $\frac{+}{2}$ ou par +4. On le nomme accord de triton.

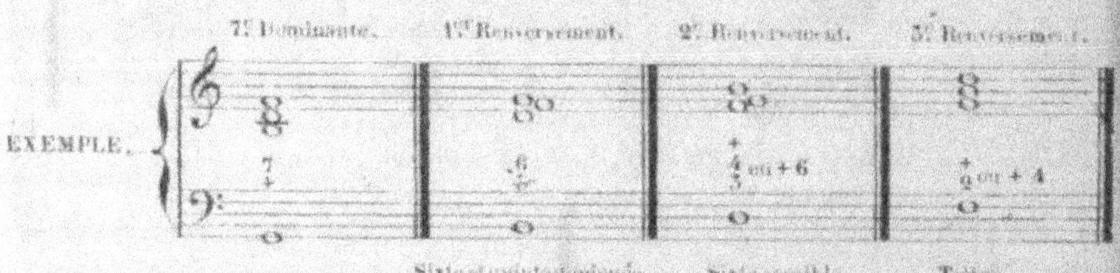

Sixte et quinte diminuée. Sixte sensible. Triton.

L'accord de septième dominante fait sa résolution sur la tonique, ce qui produit un repos d'harmonie qu'on nomme cadence parfaite.

Cet accord est le même dans les deux modes.

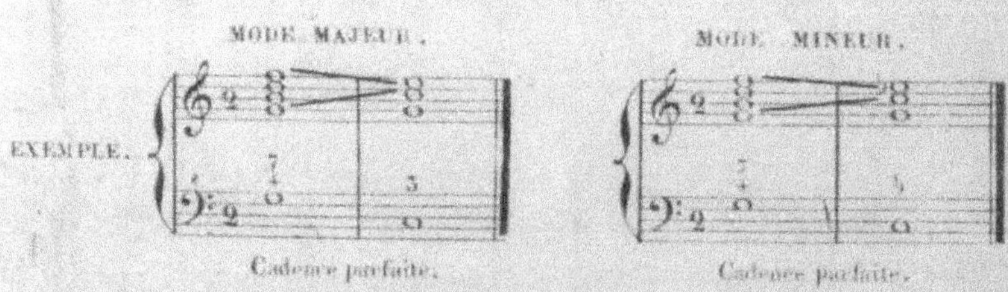

Cadence parfaite. Cadence parfaite.

Emploi de la septième dominante dans le mode majeur.

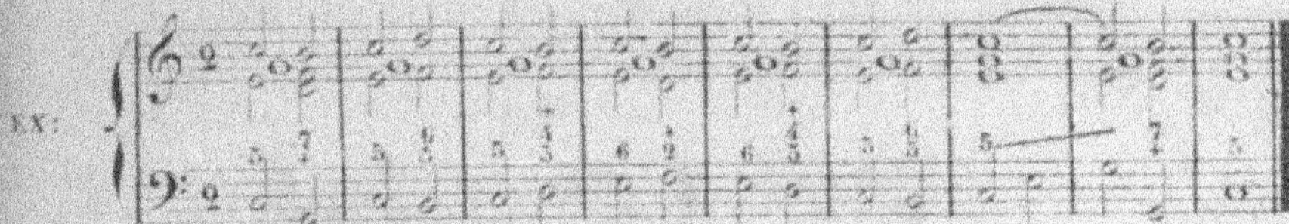

Emploi de la septième dominante dans le mode mineur.

EX:

ARTICLE. IV.

SEPTIÈME DE SENSIBLE.

DANS LE MODE MAJEUR.

L'accord de septième de sensible est composé de tierce mineure, quinte diminuée et septième mineure. Il se pose sur la note sensible.

EX:

La septième qui est dissonnante descend d'un degré.

La quinte qui est diminuée, et par conséquent dissonnante, descend aussi d'un degré et la note sensible monte d'un degré.

EX:

Cet accord se chiffre par $\frac{7}{+}$.

Pour que son effet soit plus agréable, il faut en retrancher la tierce.

Son premier dérivé est composé de tierce mineure, quinte et sixte majeure.

On le nomme accord de quinte et sixte sensible. Il se chiffre par $\frac{+6}{5}$.

Il se pose sur la deuxième note du ton, qui doit monter afin d'éviter les deux quintes.

Pour employer le premier et le deuxième dérivés de cet accord d'une manière plus agréable, il faut que l'intervalle de seconde qui s'y trouve soit présenté sous le renversement de septième.

Son deuxième dérivé est composé de tierce majeure, quarte augmentée et sixte majeure. On le nomme accord de triton avec tierce majeure. On le chiffre par $^{+4}_{3}$.

Il se pose sur la quatrième note du ton.

Son troisième dérivé est composé de seconde majeure, quarte et sixte mineure. On le nomme accord de seconde. On le chiffre par +2. Il se pose sur la sixième note du ton.

Quoique ce renversement puisse se faire sans préparation, il est très peu usité de cette manière; son effet est beaucoup plus agréable en préparant la dissonance.

OBSERVATION.

Cet accord fait sa résolution sur la tonique ainsi que la septième dominante. Ces deux accords ont trois notes qui leurs sont communes.

On peut placer sur chacune de ces notes l'un ou l'autre de ces accords, et même tous deux alternativement.

La similitude qui éxiste entre ces deux accords prouve leur identité, et démontre clairement qu'ils ont la même origine. On doit donc regarder le son générateur de la septième dominante, comme étant aussi celui de la septième de sensible.

Le son générateur d'un accord est sa note la plus grave, quand l'accord est en progression de tierce.

Emploi de la septième de sensible dans le mode majeur.

Emploi de la septième dominante et de la septième de sensible alternativement.

L'accord de septième de sensible n'appartient pas exclusivement au mode majeur. Il est des cas où on l'emploie sans préparation sur la seconde note du mode mineur relatif. Alors il se nomme accord de septième de seconde du mode mineur.

Il fait sa résolution sur la dominante. Dans le mode mineur, le son générateur de cet accord est la note grave de l'accord même, et non la dominante comme dans le mode majeur.

Accord de 7e de seconde du mode mineur. 1er Dérivé. 2e Dérivé.

EXEMPLE.

Il se chiffre, ainsi que ses dérivés, comme dans le mode majeur. Son troisième dérivé n'est point usité sans préparation.

C'est ce double emploi qui a fait donner à cet accord le nom de *Septième mixte*.

Comme dans le mode mineur, cet accord s'emploie beaucoup plus souvent en préparant la septième que sans la préparation, ce n'est plus qu'un accord de quinte diminuée qui reçoit une prolongation de septième.

Ainsi, il rentre dans la série des accords simples qui reçoivent la prolongation d'une note étrangère. *(Voyez l'article prolongations.)*

Emploi de la septième de seconde du mode mineur sans préparation.

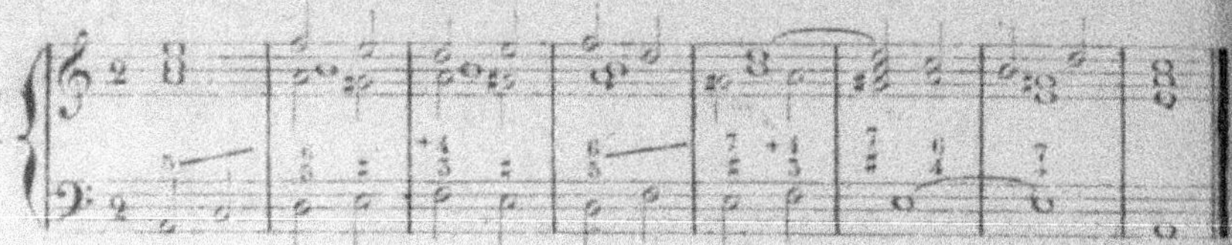

ARTICLE. V.

SEPTIÈME DIMINUÉE.

La septième diminuée est la septième sensible du mode mineur.

Elle est composée de tierce mineure, quinte diminuée et septième diminuée ce qui fait trois tierces mineures. Cet accord se pose sur la note sensible dans le mode mineur.

Il se chiffre par 7̸ *Voyez* **Ex: 1er.**

La septième qui est dissonante doit descendre d'un degré, la quinte qui est diminuée doit aussi descendre d'un degré et la note sensible doit monter d'un degré. Cet accord appartient exclusivement au mode mineur: on ne peut l'employer dans le mode majeur que par licence.

Son premier dérivé est composé de tierce mineure, quinte diminuée et sixte majeure.

On le nomme accord de quinte diminuée et sixte sensible. Il se chiffre par $^{+6}_{5}$ et se pose sur la deuxième note du ton. *Voyez* **Ex: 2e.**

Son deuxième dérivé est composé de tierce mineure, quarte augmentée et sixte majeure. On le nomme accord de triton avec tierce mineure. Il se chiffre par $^{+4}_{3}$ et se pose sur la quatrième note du ton. *Voyez* **Ex: 3e.**

Son troisième dérivé est composé de seconde augmentée, quarte augmentée et sixte majeure. On le nomme accord de seconde augmentée. Il se chiffre par +2 et se pose sur la sixième note du ton. *Voyez* **Ex: 4e.**

L'accord de septième diminuée fait sa résolution sur la tonique.

Tout ce qui a été dit sur la septième note de sensible, quant à ses rapports avec la septième dominante, s'applique à la septième diminuée.

Emploi de la septième diminuée.

Emploi de la septième diminuée et de la septième dominante.

ARTICLE VI.

NEUVIÈME MAJEURE DOMINANTE.

Cet accord est la combinaison de la septième dominante et de la septième sensible réunies.

Il est composé de tierce majeure, quinte, septième mineure et neuvième majeure.

Il se chiffre $\begin{smallmatrix}9\\7\\+\end{smallmatrix}$ et se pose sur la dominante. *Voyez* **Ex:1.**

Ex:1.

La septième et la neuvième sont dissonantes et doivent descendre d'un degré.

On peut les sauver en même tems, ou l'une après l'autre, en commençant par la neuvième.

La note sensible doit monter d'un degré.

Cet accord fait sa résolution sur la tonique.

On doit en retrancher la quinte pour que l'effet en soit moins dur. *Voyez* **Ex:2.**

Ex:2.

Cet accord est susceptible d'être renversé, mais il faut que le générateur soit toujours à une distance de neuvième de la dissonance, cet intervalle n'étant point susceptible d'être renversé.

Le premier renversement est composé de tierce mineure, quinte diminuée, sixte mineure et septième mineure à l'octave au dessus.

On le chiffre $\begin{smallmatrix}7\\6\\+\end{smallmatrix}$

Il se pose sur la note sensible.

1er Renversement.

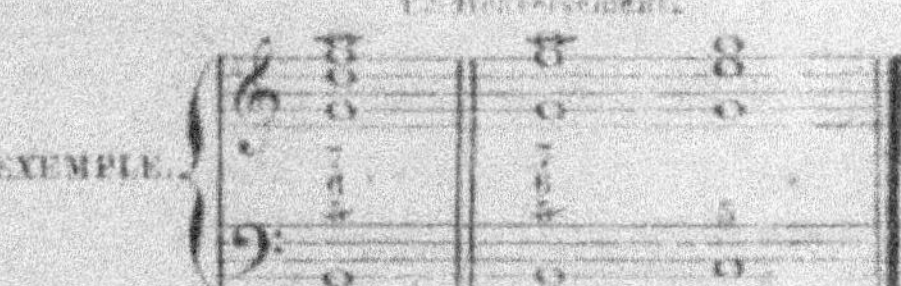

Le deuxième renversement est composé de tierce mineure, quarte, quinte à l'octave au dessus, et sixte majeure. On le chiffre +6 5 4 3

Ce renversement est le moins usité. Voyez Ex: 1er.

Le troisième renversement est composé de seconde majeure, tierce majeure à l'octave au dessus, quarte augmentée et sixte majeure. Il se chiffre +4 3 2 Voyez Ex: 2e.

2e Renversement. 3e Renversement.

Ex: 1er. Ex: 2e.

NEUVIÈME MINEURE DOMINANTE.

Cet accord est le même que le précédent, à l'exception de la neuvième qui est mineure. C'est l'amalgame de la septième dominante et de la septième diminué. Il se chiffre ♭9 7 +

Il s'emploie de la même manière que le précédent, ainsi que ses renversemens.

EXEMPLE.

ARTICLE VII.

NOTES DE PASSAGE.

PROLONGATIONS, SUSPENSIONS, RETARDEMENT.

L'harmonie naturelle n'étant composée que d'accords parfaits et de septièmes dominante et sensible, le retour trop fréquent des mêmes accords produit une monotonie qu'on fait disparaître au moyen de quelques dissonances artificielles qu'on introduit dans l'harmonie naturelle. Ces dissonances sont de deux espèces; notes de passage et notes prolongées.

NOTES DE PASSAGE.

Les notes de passage s'emploient au tems faible de la mesure, ou à la partie faible du tems.

Elles sont étrangères aux accords sur lesquels elles ne font que glisser sans s'identifier avec eux.

Elles servent à remplir le vide d'un intervalle de tierce, de quarte, de quinte, etc.

Elles doivent toujours avoir une marche diatonique, c'est-à-dire qu'elles doivent marcher par degrés conjoints, soit en montant, soit en descendant.

La règle, qui défend de faire deux quartes, deux quintes, ou deux octaves de suite, est applicable aux notes de passage, comme si elles faisaient partie de l'harmonie.

Harmonie naturelle offrant un saut de tierce et de quarte au chant et à la basse.

Le saut de tierce rempli par une note de passage au chant et à la basse.

Le saut de quarte rempli par deux notes de passage au chant et à la basse.

La seconde partie faisant les notes de passage à la tierce au-dessous de la première.

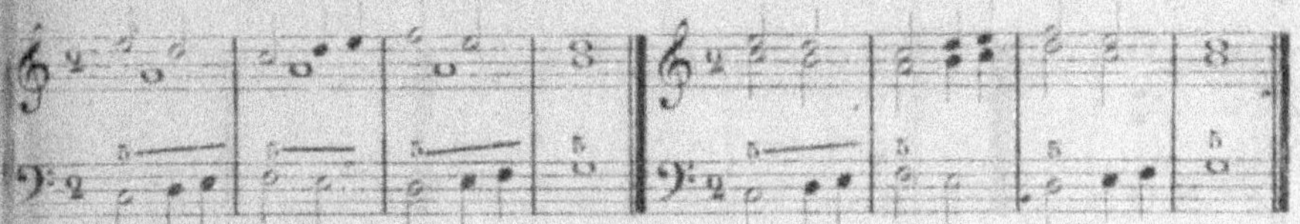

Dans cet exemple les quatre parties font des notes de passage par le mouvement contraire.

Harmonie naturelle, offrant un saut de tierce au chant et à la basse.

Le saut de tierce rempli au chant et à la basse par une note de passage, au tems faible de la mesure.

Une note de passage à la partie faible de chaque tems, au chant et à la basse.

Harmonie naturelle, offrant un saut de quinte au chant et à la basse.

Le saut de quinte rempli par des notes de passage, au chant et à la basse.

NOTES PROLONGÉES.

On peut prolonger une ou plusieurs notes d'un accord sur l'accord suivant.

La note prolongée est une dissonance qui doit descendre d'un degré, soit dans l'accord même où elle est prolongée, soit dans l'accord suivant. (1)

La prolongation n'est, le plus souvent que le retard d'une note de l'accord. Dans ce cas elle peut se résoudre dans l'accord même sur la note qu'elle avait retardée.

On nomme accord de suspension, celui dans lequel une ou plusieurs notes sont retardées.

HARMONIE SIMPLE. Retard de tierce. Retard de sixte. Retard d'octave.

La prolongation peut se faire aussi sur un accord déjà complet, dans lequel la note prolongée n'aura pas de résolution; mais elle doit nécessairement se résoudre dans l'accord suivant, en descendant d'un degré.

Les prolongations produisent des dissonances de seconde, de tierce, de quarte ou onzième, de quinte, de sixte ou treizième, de septième et de neuvième.

La prolongation se fait au tems fort de la mesure, ou à la partie forte du tems, et la résolution se fait au tems faible.

La prolongation peut se faire aussi au tems faible, lorsqu'il y en a déjà au tems fort, excepté à la basse qui n'en fait pas au tems faible.

(1) Il est des cas où la note prolongée retarde une note supérieure; alors elle doit monter d'un degré au lieu de descendre.

La note prolongée doit avoir au moins autant de durée comme consonnance que comme dissonnance. Cette règle n'est pas de rigueur.

La consonnance qui précède la dissonnance se nomme *préparation*. Ex: 1.

On peut prolonger, non seulement une, mais deux et trois notes à la fois ce qui produit double et triple dissonnance.

Chacune de ces dissonnances doit trouver sa résolution, soit dans l'accord même, soit dans l'accord suivant. *Voyez*: Ex: 2.

double dissonnance. (1) triple dissonnance.

Ex: 1. Ex: 2.

HARMONIE SIMPLE. syncope consonnante apparente. syncope consonnante apparente.

La note prolongée est dissonnante, quand elle forme un intervalle de seconde ou de septième, avec une des notes de l'accord, dans lequel elle est prolongée; dans le cas contraire, elle est consonnante en apparence, mais elle est réellement dissonnante puisqu'elle est étrangère à l'accord.

HARMONIE SIMPLE. syncopes consonnantes apparentes.

Le second accord, dans cet exemple, est un accord parfait sur la seconde note du ton.

C'est cet accord qui sera renversé dans les exemples suivans, et c'est sur lui et ses renversemens que se feront les prolongations.

HARMONIE SIMPLE ou NATURELLE.

Le premier renversement offre un accord de sixte simple.

Le deuxième renversement présente un accord de quarte et sixte.

Dans cet exemple l'accord parfait n'est pas renversé, mais il descend de tierce.

(1) Cet accord est connu sous le nom d'accord de neuvième.

L'Ut prolongé sur l'accord de *Ré* forme une dissonnance de septième sur l'accord parfait de *Ré*. Cette dissonnance fait sa résolution en descendant d'un degré sur l'accord de septième dominante.

Dissonnance de septième sur l'accord parfait.

prolongation(1) résolution.

L'*Ut* prolongé sur le *Fa* forme une dissonnance de quinte dans l'accord de sixte.

Dissonnance de quinte dans l'accord de sixte.

prolongation(2) résolution.

L'*Ut* prolongé sur le *La* forme dissonnance de tierce dans l'accord de quarte et sixte.

L'*Ut* prolongé à la basse sous l'accord de *Ré* forme dissonnance de seconde (1) sous l'accord parfait.

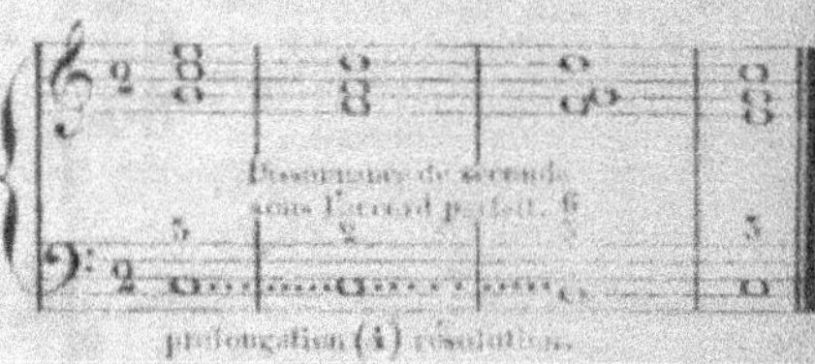

Dans cet exemple, le second accord est un accord parfait majeur, c'est sur lui et sur ses renversements que se feront les prolongations.

HARMONIE SIMPLE.

Exemple.

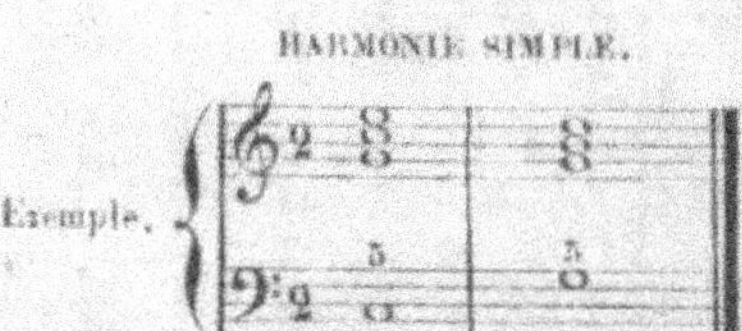

Le 1er Renversement est un accord de sixte.

Exemple.

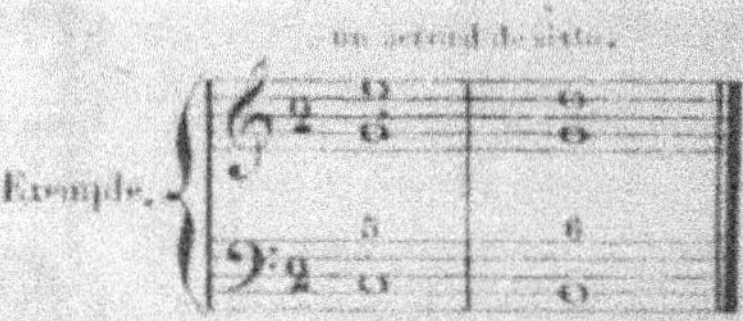

(1) Il faut observer que lorsqu'on dit: DISSONNANCE de SECONDE ce n'est point la seconde qui est la dissonnance, mais la note même de la basse; au lieu que quand on dit dissonnance de tierce, de quarte, de quinte, de septième, etc. ce sont la tierce, la quarte, la quinte et la septième qui sont dissonnantes.

(1) Cet accord est connu sous le nom de septième mineure.

(2) Cet accord est connu sous le nom de quinte et sixte, ou premier dérivé de septième mineure.

(3) Cet accord est connu sous le nom de petite sixte, ou deuxième dérivé de septième mineure.

(4) Cet accord est connu sous le nom d'accord de seconde, ou troisième dérivé de septième mineure.

Le 2e Renversement est un accord de quarte et sixte.

Dissonance de quarte retardant la tierce dans l'accord parfait.

quarte et quinte.

Dissonance de seconde retardant l'accord de sixte.

seconde et quinte.

Dissonance de 7e retardant l'accord de sixte et quarte.

septième et quarte.

Dans cet exemple le second accord est un accord parfait majeur.

HARMONIE SIMPLE.

1er Renversement, accord de sixte.

2e Renversement, accord de quarte et sixte.

Dissonance de 9e retardant l'octave dans l'accord parfait.

neuvième.

Dissonance de 7e retardant l'octave de la sixte, dans l'accord de sixte.

septième et sixte.

Dissonance de quinte, retardant l'octave de la quarte dans l'accord de quarte et sixte.

quarte, quinte et sixte.

Dissonance de 7e retardant la sixte dans l'accord de sixte.

septième.

Dissonance de quinte retardant la quarte dans l'accord de quarte et sixte.

quinte et sixte.

Dissonance de seconde, retardant l'accord parfait.

Double dissonance de quinte et 7e retardant la sixte dans l'accord de sixte.

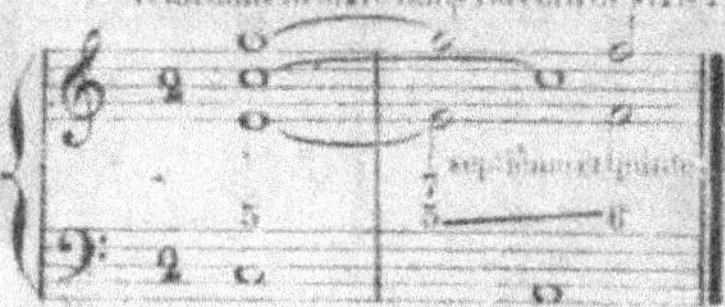

Double dissonance de tierce et quinte, retardant la quarte dans l'accord de quarte et sixte.

Double dissonance de seconde et sixte, retardant la note fondamentale et l'octave dans l'accord parfait.

Exemple de la septième dominante et ses trois renversements.

HARMONIE SIMPLE.

1er Renversement.
Accord de sixte et quinte diminuée.

2e Renversement.
Accord de sixte sensible.

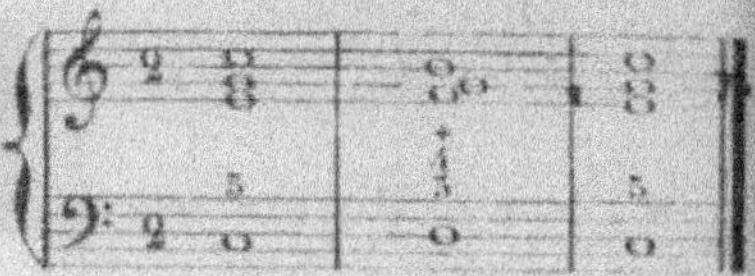

3e Renversement.
Accord de triton.

Dissonance de quarte retardant la tierce dans l'accord de 7e dominante.

Dissonance de seconde retardant l'accord de quinte diminuée et sixte.

Dissonance de 7e retardant la sixte dans l'accord de sixte sensible.

Dissonance de quinte retardant la quarte dans l'accord de triton.

Dans cet exemple, le second accord est un accord parfait mineur.

HARMONIE SIMPLE.

Dissonance de neuvième retardant l'octave dans l'accord parfait.

neuvième.

Dissonance de quarte, retardant la tierce dans l'accord parfait.

quarte.

Double dissonance de neuvième et quarte retardant l'octave et la tierce.

neuvième et quarte.

Dans cet exemple le second accord est un accord de sixte simple.

HARMONIE SIMPLE.

Dissonance de septième retardant la sixte dans l'accord de sixte.

(1) Cet accord est connu sous le nom de septième majeure.

Dissonance de neuvième retardant l'octave dans l'accord de sixte.

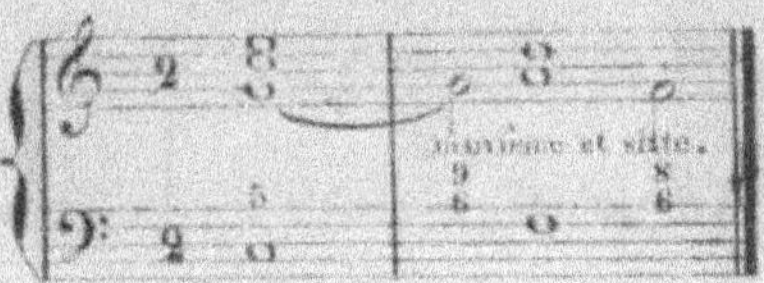

Double dissonance de septième et neuvième, retardant la sixte et l'octave.

Dans cet exemple, le second accord est un accord parfait majeur.

HARMONIE SIMPLE.

Dissonance de septième sur l'accord parfait.

septième.

Double dissonance de septième sur l'accord parfait, et de neuvième retardant l'octave.

septième et neuvième.

Triple dissonance de septième sur l'accord parfait, et de neuvième et quarte retardant l'octave et la tierce.

septième neuvième et quinte.

Accord de sixte à la seconde mesure.

HARMONIE SIMPLE.

Dissonance de quinte dans l'accord de sixte.

quinte et sixte.

Double dissonance de quinte dans l'accord de sixte et de 7e retardant la sixte.

quinte et septième.

Triple dissonance de quinte dans l'accord de sixte et de septième et neuvième retardant la sixte et l'octave.

quinte, septième et neuvième

On peut prolonger en entier sur la tonique et sur la médiante les accords de septième dominante, de septième de sensible et de septième diminuée.

Accord de septième dominante suivi de la tonique, portant accord parfait.

2e Renversement de la 7e dominante suivi de la médiante, portant accord de sixte.

Prolongation de la 7e dominante sur la tonique, retardant l'accord parfait.

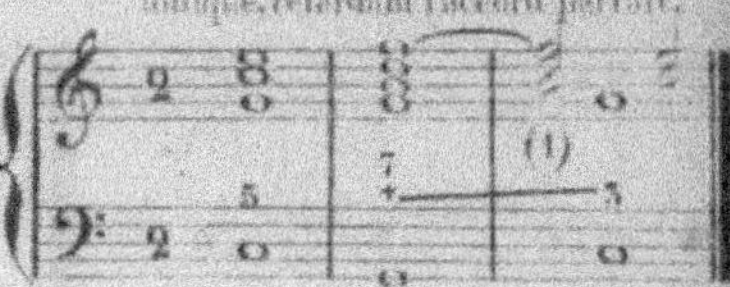

Prolongation de la 7e dominante sur la médiante, retardant l'accord de sixte.

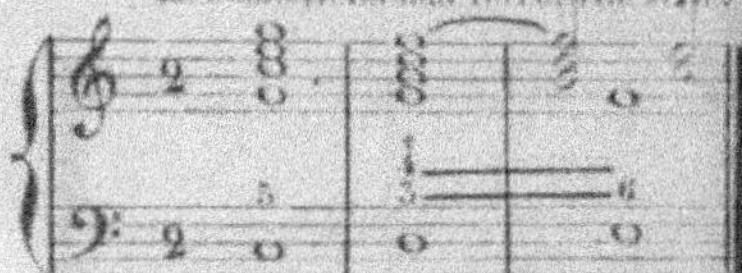

Accord de 7e sensible sur la dominante ou neuvième dominante, suivi de la tonique.

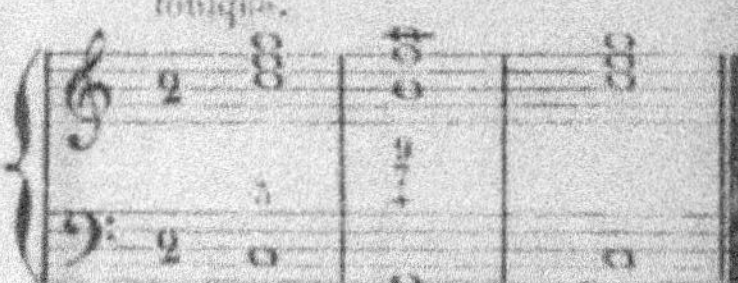

Prolongation de la 7e sensible sur la tonique, retardant l'accord parfait.

1er Renversement de la 7e sensible, suivi de la médiante, portant accord de sixte.

Prolongation de la 7e sensible sur la médiante, retardant l'accord de sixte.

(1) Cet accord est connu sous le nom de 7me superflue ou onzième tonique.

(2) Cet accord est connu sous le nom de 7me superflue avec sixte majeure ou treizième tonique.

Accord de la 7e dominante suivi de la tonique dans le mode mineur.

2e Renversement de la 7e dominante suivi de la médiante portant accord de sixte.

Prolongation de la 7e dominante sur la tonique, retardant l'accord parfait.

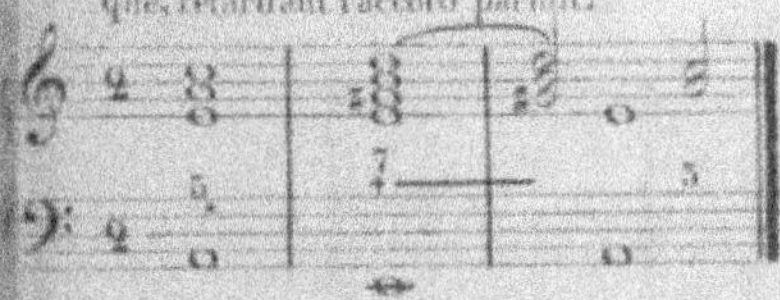

Prolongation de la 7e dominante sur la médiante, retardant la sixte. La médiante forme avec la note sensible l'intervalle de quinte augmentée.

Accord de 7e diminuée sur la dominante, ou 9e mineure dominante suivi de la tonique.

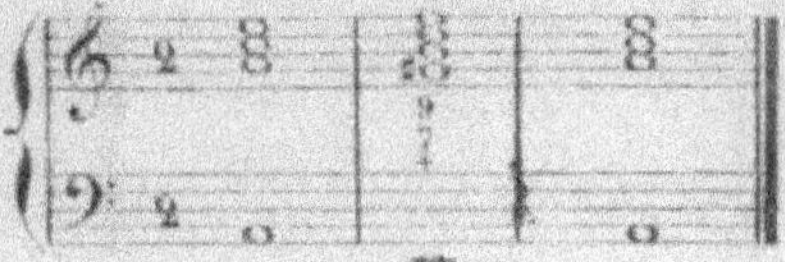

Prolongation de la 7e diminuée sur la tonique, retardant l'accord parfait.

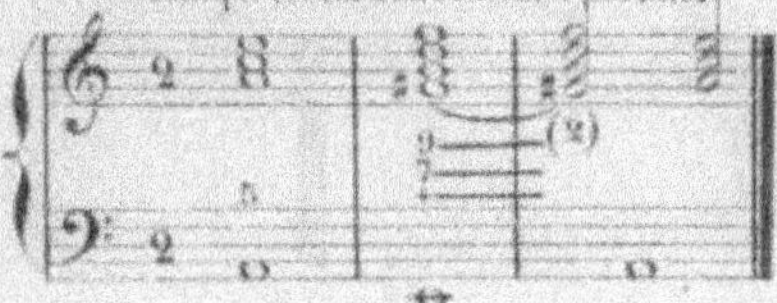

1er Renversement de la 7e diminuée suivi de la médiante portant accord de sixte.

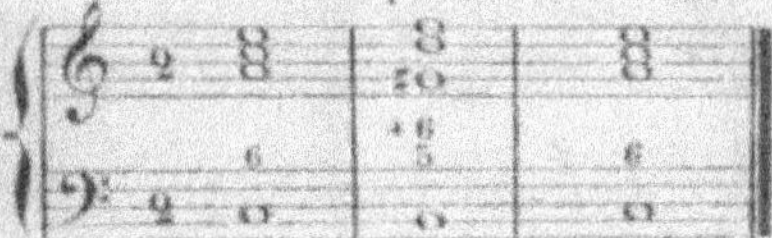

Prolongation de la 7e diminuée sur la médiante, retardant l'accord de sixte offrant aussi l'intervalle de quarte augmentée.

Exemples de tous les mouvemens de la basse, avec les accords naturels, et les prolongations qu'on peut y introduire.

La basse monte de seconde.

(1) Cette accord est connu sous le nom de quinte superflue.

(2) Cet accord est connu sous le nom de septième superflue avec sixte mineure, ou treizième tonique.

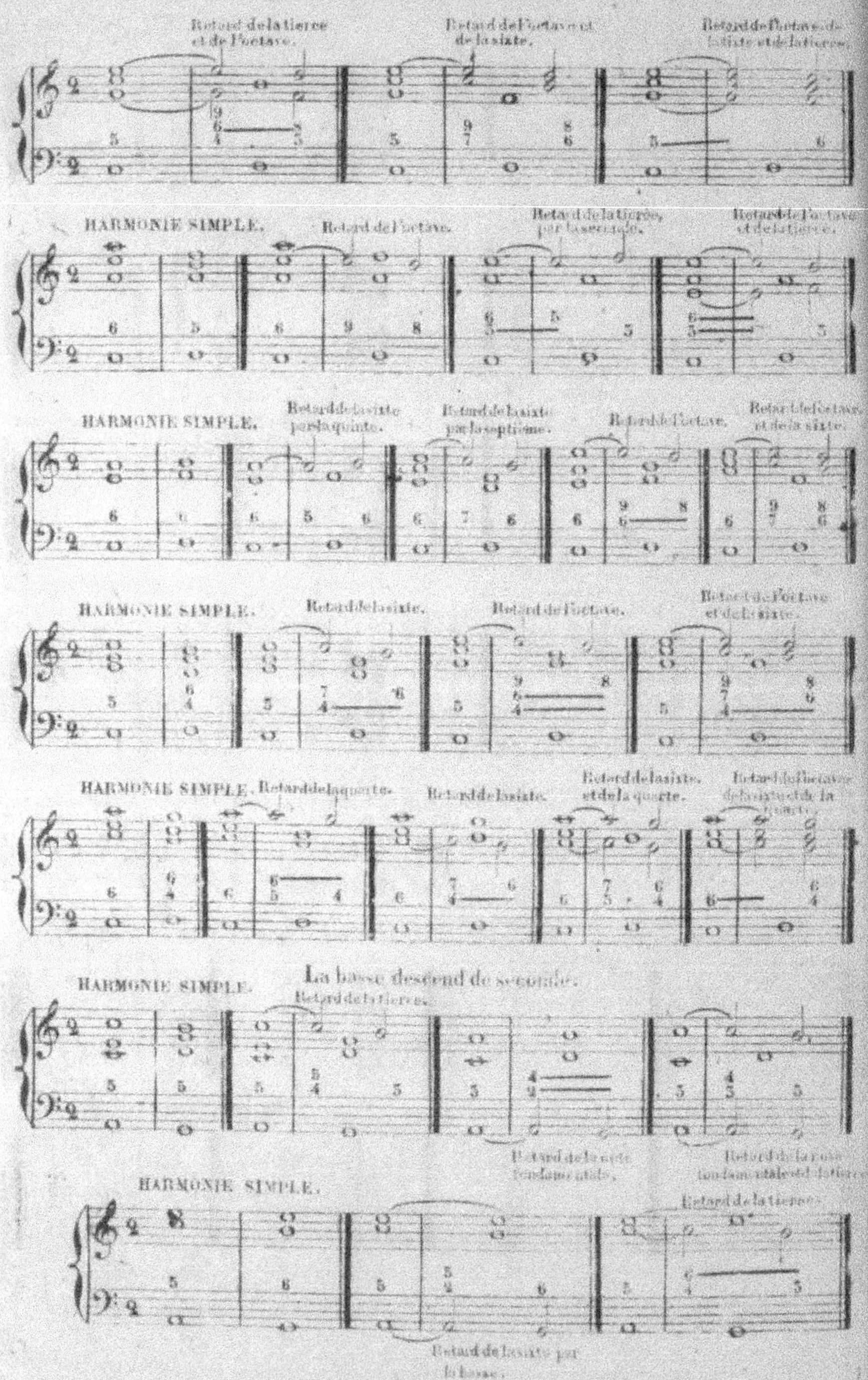
Retard de la tierce et de l'octave.
Retard de l'octave et de la sixte.
Retard de l'octave, de la sixte et de la tierce.
HARMONIE SIMPLE.
Retard de l'octave.
Retard de la tierce, par la seconde.
Retard de l'octave et de la tierce.
HARMONIE SIMPLE.
Retard de la sixte par la quinte.
Retard de la sixte par la septième.
Retard de l'octave.
Retard de l'octave et de la sixte.
HARMONIE SIMPLE.
Retard de la sixte.
Retard de l'octave.
Retard de l'octave et de la sixte.
HARMONIE SIMPLE.
Retard de la quarte.
Retard de la sixte.
Retard de la sixte et de la quarte.
Retard de l'octave de la sixte et de la quarte.
HARMONIE SIMPLE.
La basse descend de seconde.
Retard de la tierce.
Retard de la note fondamentale.
Retard de la note fondamentale et de la tierce.
HARMONIE SIMPLE.
Retard de la tierce.
Retard de la sixte par la basse.

HARMONIE SIMPLE.
Retard de la tierce.
HARMONIE SIMPLE.
Retard de la sixte.
Retard de la tierce.
HARMONIE SIMPLE.
Retard de la sixte.
La basse monte de tierce.
HARMONIE SIMPLE.
Retard de la quinte.
HARMONIE SIMPLE.
Retard de la quinte.
Retard de la tierce.
Retard de la quinte et de la tierce.
HARMONIE SIMPLE.
Retard de la tierce.
La basse descend de tierce.
HARMONIE SIMPLE.
Syncope consonnante.
HARMONIE SIMPLE.
Retard de la sixte par la septième.
Retard de la sixte par la quinte.
Retard de la sixte par la septième et par la quinte.
La basse monte de quarte.
HARMONIE SIMPLE.
Retard de la quarte.
Retard de la sixte et de la quarte.
HARMONIE SIMPLE.
Retard de l'octave.

ARTICE VIII.

CADENCES.

La cadence est la terminaison d'une phrase musicale sur un repos. On nomme aussi cadence la résolution d'un accord dissonant sur un accord consonnant.

Il y a deux cadences principales:

Cadence sur la tonique, et cadence sur la dominante.

La cadence sur la tonique termine le sens musical, et se nomme cadence finale ou parfaite.

La cadence sur la dominante suspend le sens musical sans le terminer.

La cadence parfaite se fait par l'accord de dominante résolu sur la tonique.

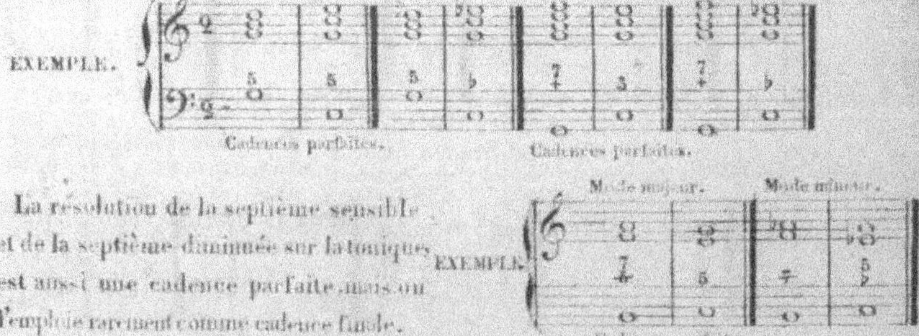

La résolution de la septième sensible et de la septième diminuée sur la tonique, est aussi une cadence parfaite, mais on l'emploie rarement comme cadence finale.

Les renversemens de septième dominante et de septième diminuée, qui sont résolus sur la tonique, font aussi cadence parfaite.

Mode majeur. Mode mineur.

EXEMPLE.

Cadences parfaites.

La cadence à la tonique peut encore être amenée par la soudominante portant accord parfait, ou accord de sixte.

Mode majeur. Mode mineur.

EXEMPLE.

Cadences à la tonique, ou cadences plagales.

Cette cadence ne termine pas le sens musical comme la cadence parfaite, cependant elle est quelquefois employée comme finale dans la musique d'un genre religieux.

Elle se nomme plagale.

La cadence à la dominante est le passage de la tonique faisant repos sur la dominante. EXEMPLE.

Mode majeur. Mode mineur.

Cadences à la dominante.

La cadence à la dominante est aussi le passage de tout accord faisant repos sur la dominante; elle n'est point un repos final, et ne fait que suspendre le sens musical.

Mode majeur.

Cadences à la dominante.

Dans le mode mineur, le repos à la dominante se fait toujours sur l'accord parfait majeur.

Mode mineur.

Cadences à la dominante.

On peut aussi, sur chacune des autres notes de la gamme, un repos momentané, ou cadence intermédiaire, avant d'arriver à l'une des deux cadences principales.

Cadences intermédiaires.

EXEMPLE.

On peut eviter, interrompre ou rompre la cadence parfaite, en changeant la résolution de la septième dominante qui annonce cette cadence.

La cadence s'évite en ajoutant la septième mineure à l'accord parfait majeur, sur lequel devait s'établir le repos, c'est-à-dire en faisant de la tonique une dominante portant septième, ce qui produit deux septièmes dominantes de suite, descendant par quintes.

On peut continuer à éviter cette cadence et faire une suite de septièmes dominantes descendant par quintes.

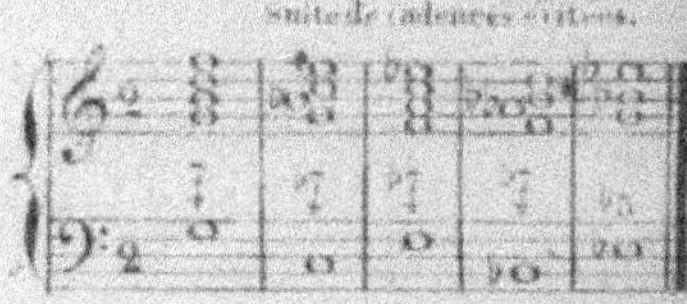

Il faut observer qu'on change de ton chaque fois qu'on fait succéder une dominante à une autre.

Dans le mode mineur, la succession des septièmes dominantes se fait comme dans le mode majeur; mais on peut y substituer les septièmes diminuées produites par ces dominantes, en observant que toutes les parties doivent descendre par demi-ton.

(Voyez l'article des genres)

La cadence parfaite s'interrompt en faisant succéder à la septième dominante, qui annonce la cadence, une autre septième dominante, dont le son générateur sera une tierce au dessous de la première

Suite de cadences interrompues.

On peut continuer à interrompre la cadence, et faire une suite de septièmes dominantes, dont chaque son générateur descendra de tierce.

Sons générateurs.

Cadences interrompues par les septièmes diminuées

Dans le mode mineur on peut employer les septièmes diminuées au lieu des septièmes dominantes: cette succession amène le genre enharmonique.
(*Voyez l'article des genres*)

Sons générateurs.

Cadence interrompue.

On interrompt aussi la cadence parfaite en faisant succéder à la septième dominante, une autre septième dominante dont le son générateur sera une tierce au dessus de la première.

Sons générateurs.

Cadences interrompues par les septièmes diminuées

Dans le mode mineur on peut employer les septièmes diminuées au lieu des septièmes dominantes.

Sons générateurs.

Cadence interrompue.

On interrompt encore la cadence parfaite, en faisant succéder à la septième dominante une autre septième dominante dont le son générateur sera une seconde au dessus de la première.

Cadences interrompues par les septièmes diminuées

Dans le mode mineur on peut employer les septièmes diminuée au lieu des septièmes dominantes.

Sons générateurs.

On interrompt aussi la cadence parfaite, en faisant succéder à une septième dominante une autre septième dominante dont le son générateur sera une quarte au dessous de la première.

Dans le mode mineur, on peut employer les septièmes diminuées au lieu de septième dominantes.

La cadence parfaite se rompt en faisant succéder à la septième dominante un accord consonnant autre que celui de la tonique, que cette septième avait annoncé.

Cadence rompue par l'accord parfait sur la sixième note.

Cette manière de rompre la cadence est la plus usitée; c'est elle qu'on désigne lorsqu'on dit simplement: *Cadence rompue*.

Il y a différentes manières de l'employer dans le mode mineur.

Cadence rompue par l'accord de sixte sur la sixième note; et les différentes manières de l'employer dans les deux modes.

Cadence rompue par accord de sixte sur la dominante altérée devenue note sensible du mode mineur relatif.

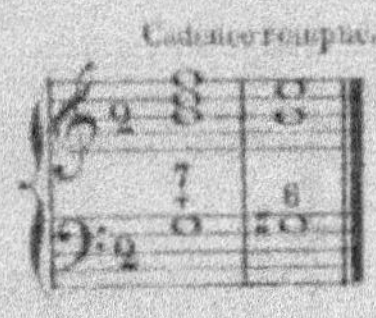

Cadence rompue par l'accord de sixte sur la quatrième note altérée devenue note sensible de la dominante.

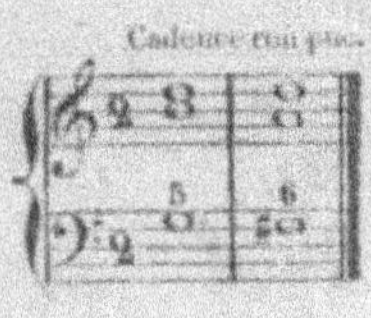

Exemples des marches les plus usitées de la basse, pour amener les cadences parfaites.

Autres exemples dans le mode mineur.
Marches de basses pour amener le repos à la dominante.
Suite de cadences à la dominante.
Suite de cadences évitées

Suite de cadences rompues.

ARTICLE IX.

Les différens mouvements de la basse parcourant l'étendue de l'échelle diatonique; avec l'harmonie naturelle et les marches dissonantes les plus usitées.

Regle de l'octave dans le mode majeur, avec les seuls accords naturels.

La même avec dissonnance de quinte sur la quatrième note en montant.

La même dans le mode mineur.

HARMONIE SIMPLE. Suite de sixtes.

Retard des sixtes par les quintes.

Le même passage à contre-temps.

Retard des sixtes par les quintes et les septièmes, produisant suite de septièmes.

HARMONIE SIMPLE. Suite d'accords parfaits.

Retard de l'octave, produisant suite de neuvièmes.

Retard de l'octave, de la tierce, produisant suite de onzièmes.

HARMONIE SIMPLE. Suite d'accords parfaits.

Retard des tierces, produisant suite de quartes et quintes.

HARMONIE SIMPLE. Suite de sixtes.

Retard des sixtes par les septièmes, produisant suite de septièmes.

HARMONIE SIMPLE. Suite de sixtes.

Retard des sixtes par les septièmes, quand la basse descend de secondes.

Le même passage plus serré.
HARMONIE SIMPLE. Suite d'accords parfaits et de sixte.
La même avec des notes de passage au chant et à la basse.
La même autrement figurée.
Retard des sixtes par les quintes.
Le même passage figuré.
Suite de quintes et sixtes et de seconde.

HARMONIE SIMPLE. Suite de sixte et d'accords parfaits.

Dissonance de quinte dans l'accord de sixte, produisant suite de quintes et sixte.

HARMONIE NATURELLE. Suite d'accords parfaits et de sixtes.

Dissonance de seconde sous l'accord parfait, produisant suite de secondes.

Dissonance de seconde sous l'accord parfait, et de quinte dans l'accord de sixte, produisant suite de secondes et de sixtes et quintes.

Retard d'octave dans l'accord parfait, produisant suite de neuvièmes.

HARMONIE SIMPLE. Suite d'accords parfaits.
Retard d'octave, produisant suite de neuvièmes.
HARMONIE SIMPLE. Suite d'accords parfaits et de sixte.
Dissonance de neuvième sur l'accord parfait, et de quinte dans l'accord de sixte.
HARMONIE NATURELLE. Suite d'accords parfaits.
Retard de la basse, produisant suite de syncopes consonnantes.
L'intervalle de tierce, à la basse, rempli par une note de passage.

HARMONIE SIMPLE. Suite d'accords parfaits et de sixtes.

Retard de l'accord parfait à la basse, et de la sixte dans le chant, produisant suite de secondes et de septièmes.

Le même passage.

Le même passage, dans lequel le saut de quarte est rempli.

HARMONIE SIMPLE. Suite de sixtes.

Retard de sixte, faisant suite de septièmes de deux en deux mesures.

Retard de sixte, faisant suite de septièmes à chaque mesure.

Retard de tierce produisant dissonance de quarte de deux en deux mesures.

Retard de tierce et d'octave produisant dissonance de quarte et de neuvième alternativement.

Retard de tierce dans la septième dominante et dans l'accord parfait.

Retard de tierce dans la septième dominante, et de tierce et d'octave dans l'accord parfait.

HARMONIE SIMPLE Suite d'accords parfaits.

Retard de la première partie, faisant suite de sixtes et de quartes et quintes, alternativement.

Retard de la seconde partie, faisant suite de quartes et de neuvièmes, alternativement.

Retard de deux parties à la fois, faisant suite de quartes et sixtes et de neuvièmes et quartes, alternativement.

HARMONIE SIMPLE Suite d'accords parfaits.

Le même passage, avec des syncopes consonnantes dans toutes les parties.

Le même passage, avec des syncopes consonnantes à la deuxième partie.

Le même passage, dans lequel l'octave est retardée à la première partie, et où les deux parties intermédiaires sont figurées par des notes de passage.

HARMONIE SIMPLE Syncopes consonnantes à la première partie.

Les sauts de tierce et de quarte, remplis par des notes de passage.

HARMONIE SIMPLE Suite d'accords parfaits et de sixtes.

Retard de sixte, produisant suite de septièmes.

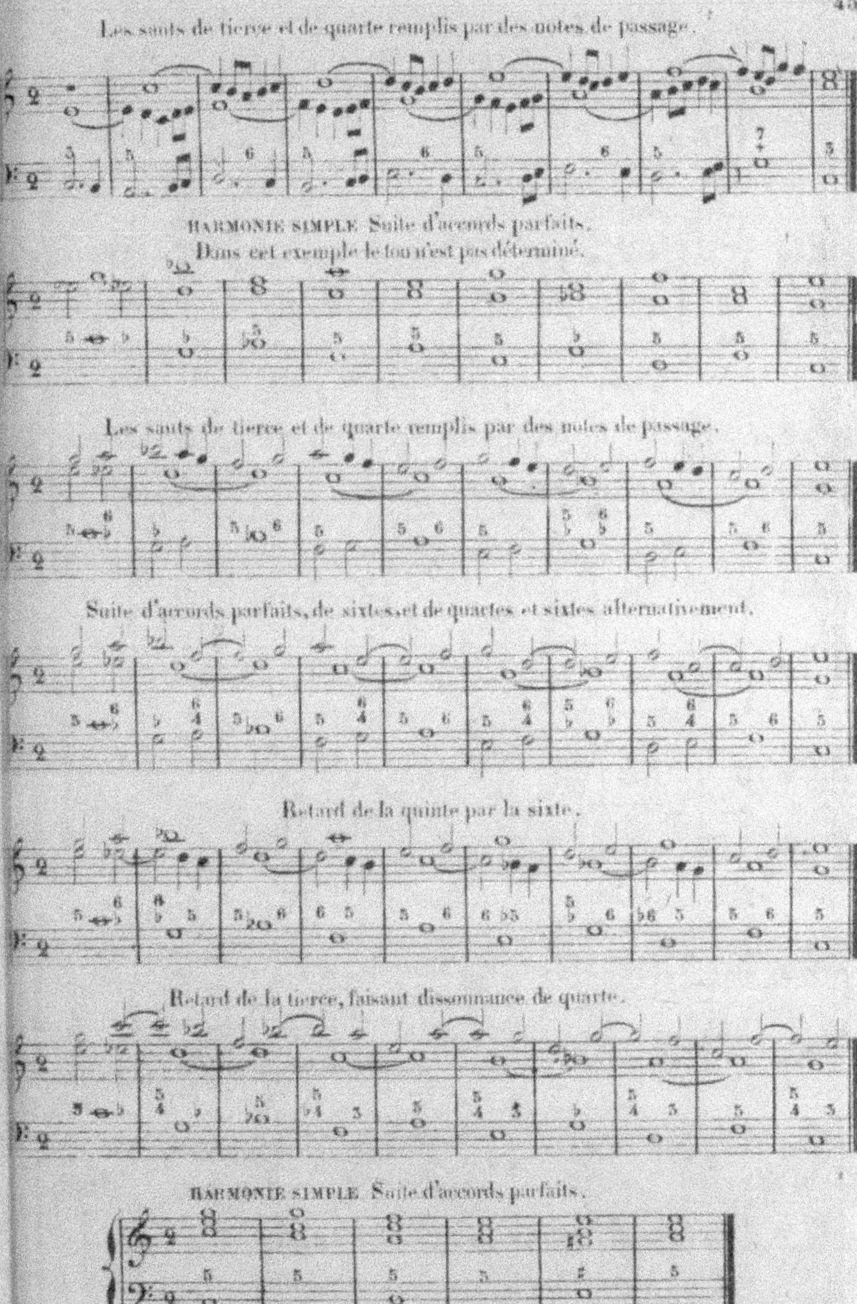
Les sauts de tierce et de quarte remplis par des notes de passage.
HARMONIE SIMPLE Suite d'accords parfaits.
Dans cet exemple le ton n'est pas déterminé.
Les sauts de tierce et de quarte remplis par des notes de passage.
Suite d'accords parfaits, de sixtes, et de quartes et sixtes alternativement.
Retard de la quinte par la sixte.
Retard de la tierce, faisant dissonnance de quarte.
HARMONIE SIMPLE Suite d'accords parfaits.

Retard de la tierce, produisant suite de quartes et de quintes.

Les deux premières parties figurées par des notes de passage.

HARMONIE SIMPLE Suite d'accords parfaits.

Prolongation de septième sur l'accord parfait.

Prolongation de septième, et retard d'octave, produisant double dissonance de septième et de neuvième.

Prolongation de septième avec retard d'octave et de tierce, produisant triple dissonance de septième, de neuvième et de quarte.

Retard d'octave, faisant suite de neuvièmes.

ARTICLE. X.

GENRES.

Il y a trois genres; le Diatonique, le Chromatique et l'Enharmonique.

Le genre Diatonique procède par tons et par demi-tons naturels, c'est-à-dire sans altération; ainsi les deux demi-tons qui se trouvent dans la gamme, sont du genre diatonique; et la gamme, soit en montant, soit en descendant se nomme Gamme ou Echelle Diatonique.

Le genre Chromatique ne procède que par demi-tons; ainsi une gamme, en montant ou en descendant par demi-tons, se nomme gamme ou échelle chromatique.

On employe en montant le chromatique par dièses, et en descendant le chromatique par bémols, suivant la manière la plus naturelle.

Cependant on peut l'employer des deux manières, en montant et en descendant.

Quoiqu'on nomme chromatique une succession de demi-tons, le demi-ton chromatique proprement dit n'est que le demi-ton qui existe d'une note à la même note, subissant une altération, et le demi-ton diatonique est celui qui existe d'une note à une autre.

Demi-ton chromatique.

Demi-ton diatonique.

Gamme chromatique par dièses.

Gamme chromatique par bémols.

Autre gamme chromatique.

Suite chromatique produites par une succession de cadences évitées.

La même par les septièmes diminuées.

Dans cette succession, toutes les parties ont une marche chromatique.

Le genre enharmonique est le passage d'une note à une autre sans que l'intonation de la note ait été changée d'une manière sensible.

Par exemple d'*Ut* à *Ut* ♯ on compte un demi-ton, et d'*Ut* à *Ré* ♭ on compte également un demi-ton; ces deux sons ont donc la même intonation suivant le tempérament; ainsi, après un *Ré* ♭ faites un *Ut* ♯, ou après un *Ut* ♯ faites un *Ré* ♭, ces deux notes ne changeront pas sensiblement d'intonation, quoiqu'elles ayent changé de nom. Le passage d'une de ces notes à l'autre se nomme Enharmonie.

Ex: demi-ton. demi-ton. passage enharmonique.

L'accord de septième diminuée est celui qui produit le plus naturellement le genre enharmonique, puisqu'il peut se présenter sous 4 faces différentes sans qu'il y ait eu de changement sensible dans l'intonation.

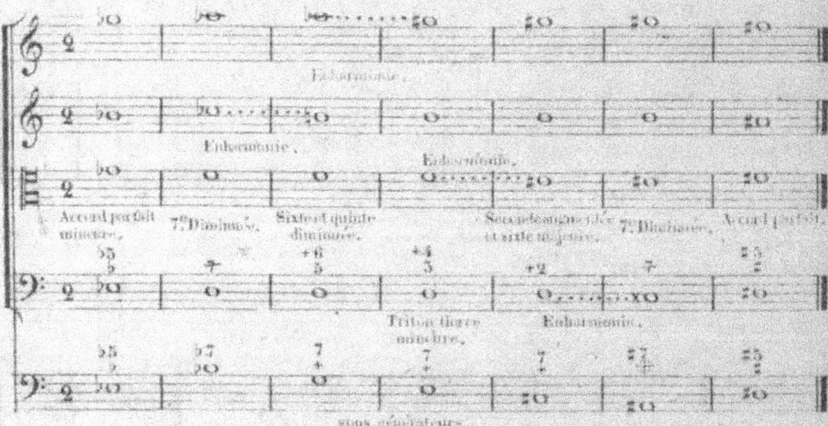

L'exemple commence en **Mi** ♭ mineur.

L'*Ut* ♭ se change en *Si* ♮ à la troisième mesure.

Le *La* ♭ se change en *Sol* ♯ à la quatrième mesure.

Le *Fa* se change en *Mi* ♯ à la cinquième mesure.

Le *Ré* se change en *Ut* × à la sixième mesure.

L'exemple finit en *Ré* ♯ mineur qui est le ton correspondant à celui de *Mi* ♭ mineur, dans lequel il a commencé.

Il faut remarquer que c'est toujours la dissonance de la septième diminuée qui a subi un changement et qui a produit le passage enharmonique.

On voit par la succession des sons générateurs, que c'est une suite de cadences interrompues qui a amené ce passage.

ARTICLE XI.

PÉDALE.

La pédale est un son prolongé à la basse, sur lequel on fait passer des accords qui lui sont étrangers, mais qui de temps en temps doivent contenir la note prolongée, sans quoi l'effet de la pédale seroit désagréable.

La pédale se fait sur la tonique et sur la dominante.

La pédale de tonique reçoit plus particulièrement l'accord de septième dominante, de septième de sensible et de septième diminuée par la raison que tous ces accords faisant leur résolution sur la tonique, le son de la pédale se trouve souvent faire partie de l'harmonie.

EXEMPLE.

On peut moduler sur la pédale en la considérant tantôt comme tonique et tantôt comme dominante.

EXEMPLE.

La pédale sur la dominante reçoit toutes les marches consonnantes et dissonnantes.

Elle doit commencer par le repos à la dominante et finir par la cadence parfaite, ou par le repos à la dominante.

La pédale se fait à la partie la plus grave, et l'harmonie placée au dessus doit s'en éloigner le plus possible.

Cependant il est des cas où une pédale peut être transportée au milieu de l'harmonie et même à l'aigu, pourvu que le son prolongé fasse partie de l'accord suivant.

HARMONIE SIMPLE. Pédale intérieure.

Quand une pédale soit au milieu soit à l'aigu, forme une intervalle de seconde ou de septième avec une des notes de l'accord, cette note ne doit pas se réunir au son de la pédale par l'unisson ni par l'octave, mais elle doit s'en séparer par un intervalle consonnant.

EXEMPLE.

Pédale de dominante à l'aigu.

Pédale intérieure

Pédale au grave.

Pédales intérieures.

Pédales inférieures.

ARTICLE XII.

ALTÉRATIONS.

On peut altérer une ou plusieurs note d'un accord, quand cette altération conduit la note à son but. Par exemple, si le *Ré* doit monter au *Mi*, on peut, après avoir fait le *Ré* naturel, passer par le *Ré* ♯ qui conduit au *Mi*.

Mais si le *Ré* doit descendre à l'*Ut*, au lieu d'être altéré par un ♯, il doit l'être par un ♭.

Tous les accords sont susceptibles de recevoir une ou plusieurs altérations.

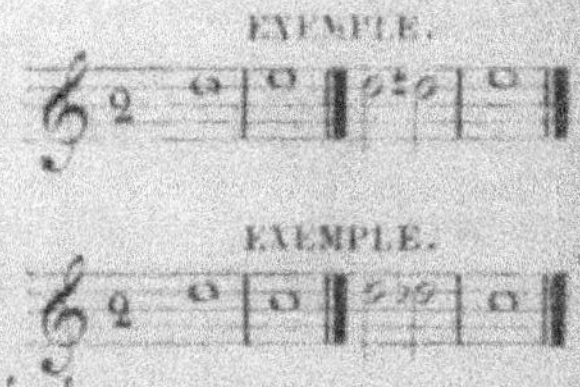

ACCORD PARFAIT MAJEUR ALTÉRÉ

L'accord parfait majeur peut être altéré dans sa quinte en montant: cette altération produit un intervalle de quinte augmentée et l'accord est composé de deux tierces majeures.

L'altération se fait également dans les renversements.

EXEMPLE.

L'accord parfait majeur peut [au]ssi être altéré par sa note fon[da]mentale en montant.
Alors l'accord devient diminué.

[O]n peut encore altérer l'accord [pa]rfait majeur dans sa tierce en [de]scendant.
Alors l'accord devient mineur.

ACCORD PARFAIT MINEUR ALTÉRÉ.

L'accord parfait mineur peut être altéré dans sa quinte en descendant; alors l'accord de[vi]ent diminué.

EXEMPLE.

Il peut l'être aussi dans sa tierce en montant, et l'accord devient majeur.

EXEMPLE.

Il peut encore être altéré dans sa note fondamentale en descendant et en montant.
L'altération en descendant produit une quinte augmentée, et en montant, elle produit une tier[c]e et une quinte diminuées.

EXEMPLE.

Pour éviter l'intervalle de tierce diminuée, il faut altérer la tierce en même temps que la note fondamentale. *Voyez* Ex: 1[r]

Comme le renversement de la tierce diminuée forme un intervalle de sixte augmentée, le meil[le]ur moyen d'employer cette altération est de présenter l'accord sous le renversement de sixte.
C'est de cette manière que cette altération est très usitée. *Voyez* Ex: 2[me]

(1) Cet accord est connu sous le nom de sixte superflue.

ACCORD DE SEPTIÈME DOMINANTE ALTÉRÉ.

L'accord de septième dominante peut être altéré dans sa quinte, en montant et en descendant en observant de renverser la tierce diminuée en sixte augmentée.

EXEMPLE.

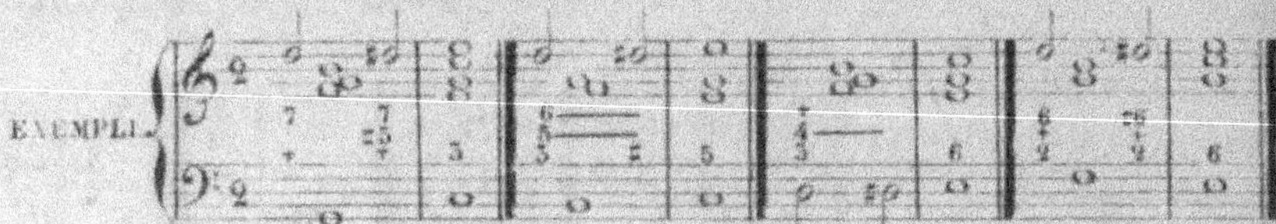

Quand la septième dominante est altérée dans sa quinte en descendant, cette altération qui (dans le ton d'*Ut*) change le *Ré* naturel en *Ré*♭, fait pressentir le ton de *Fa* mode mineur; et l'accord parfait sur l'*Ut* n'est plus qu'un repos à la dominante.

EXEMPLE.

L'altération peut être faite sans être précédée de la note naturelle.

(1)

ACCORD DE SEPTIÈME DE SENSIBLE ALTÉRÉ.

L'accord de septième de sensible peut être altéré dans sa tierce en montant, et en renversant l'intervalle de tierce diminuée en celui de sixte augmentée.

EXEMPLE.

(1)

Le même accord considéré comme septième de seconde du mode mineur peut être altéré dans sa tierce en montant, en observant toujours de renverser la tierce diminuée en sixte augmentée

EXEMPLE.

(1) Cet accord est connu sous le nom de Sixte superflue avec Triton.

ACCORD DE SEPTIÈME DIMINUÉE ALTÉRÉ.

L'accord de septième diminuée peut être altéré dans sa tierce en descendant.

On n'emploie cette altération que sur les deux premiers dérivés de la septième diminuée.

L'accord parfait qui suit l'altération de la septième diminuée doit être majeur, car ce passage n'est qu'un repos à la dominante.

EXEMPLE.

† Cet accord est connu sous le nom de Sixte superflue avec la quinte.

** Les deux quintes de suite que renferme ce passage sont tolérées, pourvu qu'elles ne soient pas placées entre la partie la plus aigue et la plus grave.

La prolongation d'une note étrangère à un accord n'empêche pas les notes de cet accord de subir les altérations dont elles sont susceptibles.

EXEMPLE.

On peut altérer une, deux et même trois notes de l'accord, en conservant toujours la prolongation.

EXEMPLE.

*Pour éviter l'intervalle de quarte doublement augmentée qui existe du *La ♭* au *Ré ♯*, on écrit *Mi ♭* au lieu de *Ré ♯*.

ARTICLE XIII.

MODULATION.

On nomme modulation, le passage d'un ton ou d'un mode dans un autre (Voyez les principes élémentaires) Pour que la modulation soit agréable, il faut que l'accord parfait, du ton que l'on quitte, conserve, dans celui du ton où l'on entre, au moins une note qui soit commune aux deux accords et qui serve de liaison dans l'harmonie.

EXEMPLE.

Mais un ton ne s'établit pas seulement en faisant entendre son accord parfait, il faut encore que la note sensible ait été entendue; or, le meilleur moyen de déterminer le ton est la cadence parfaite, puisqu'elle fait entendre la note sensible suivie de la tonique.

EXEMPLE.

On module par quintes ascendantes et descendantes.

Chaque modulation par quintes ascendantes amène un dièse de plus à la clef.

Chaque modulation par quintes descendantes amène un bémol de plus à la clef. (Voyez les principes élémentaires de musique adoptés par le Conservatoire.)

Les modulations les plus naturelles sont celles par quintes descendantes, car, sans le secours d'aucun accord intermédiaire on passe d'*Ut* en *Fa*, de *Fa* en *Si♭*, etc. on n'a qu'à ajouter la septième mineure à l'accord parfait majeur, il deviendra accord de septième dominante et fera cadence parfaite en descendant de quinte sur la tonique et le ton sera entièrement déterminé par cette cadence. *Voyez* Ex: 1er

Si au contraire, on veut moduler par quintes ascendantes, il faut que l'accord parfait du ton dans lequel on veut aller, soit précédé de sa septième dominante. *Voyez* Ex: 2me

Cette dominante a besoin elle même d'être liée à l'accord précédent par plusieurs notes, et de cette manière elle sera mieux amenée.

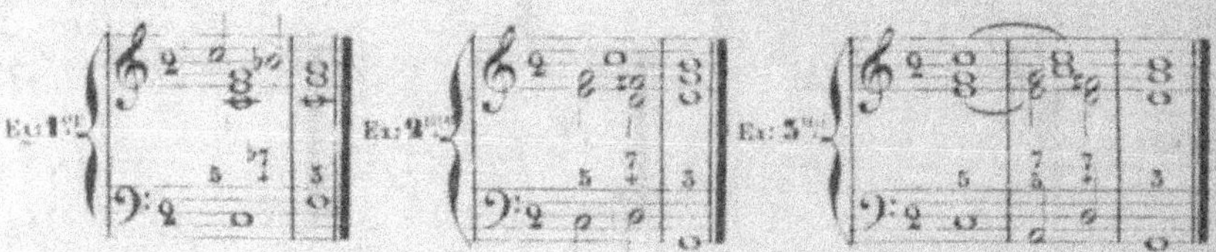

Il est donc plus simple et plus facile de moduler par quintes descendantes que par quintes ascendantes. Néanmoins, dans un morceau de musique quelconque, la première modulation en quittant le ton primitif se fait à la dominante qui est la quinte au dessus, et la modulation à la sousdominante, qui est la quinte au dessous, ne se fait qu'après.

La modulation au ton relatif est aussi une des plus simples et des plus usitées, soit en passant du majeur à son relatif mineur, soit en passant du mineur à son relatif majeur.

Au surplus, il est difficile de donner des règles aux modulations: la seule dont on ne doive jamais s'écarter, est de satisfaire l'oreille.

EXEMPLE.

MODULATIONS.

Partant du ton d'Ut majeur,
pour aller dans tous les tons majeurs et mineurs.

D'UT majeur en UT♯ majeur.

Enharmonie.

D'UT majeur en UT♯ mineur.

Enharmonie.

D'UT majeur en UT♭ majeur.

D'UT majeur en UT♭ mineur.

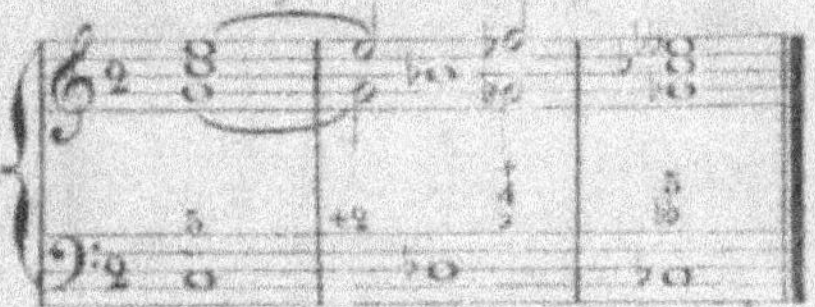

D'UT majeur en RÉ♭ majeur.

D'UT majeur en RÉ♭ mineur.

D'UT majeur en RÉ majeur.

D'UT majeur en RÉ mineur.

D'UT majeur en SI majeur.

D'UT majeur en SI mineur.

D'UT majeur en SI♭ majeur.

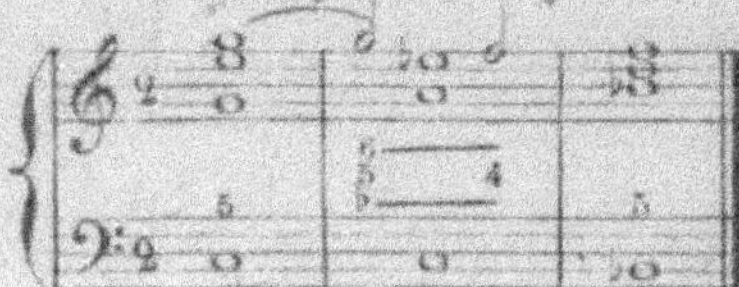

D'UT majeur en SI♭ mineur.

D'UT majeur en MI♭ majeur.

D'UT majeur en MI♭ mineur.

D'UT majeur en MI majeur.

D'UT majeur en MI mineur.

D'UT majeur en LA majeur.

D'UT majeur en LA mineur.

D'UT majeur en LA♭ majeur.

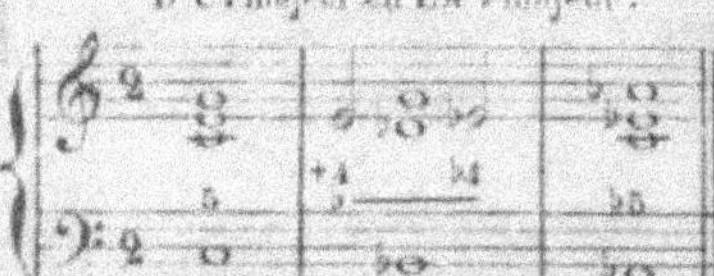

D'UT majeur en LA♭ mineur.

D'UT majeur en FA majeur.

D'UT majeur en FA mineur.

D'UT majeur en FA♯ majeur.

D'UT majeur en FA♯ mineur.

D'UT majeur en SOL majeur.

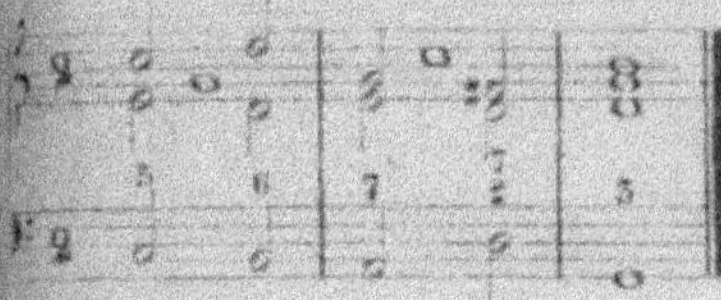

D'UT majeur en SOL mineur.

D'UT majeur en SOL♭ majeur.

D'UT majeur en SOL♭ mineur.

ARTICLE XIV.

SUR LA MANIÈRE DE CHIFFRER.

Cet article est essentiel pour ceux qui veulent accompagner au Piano.

Les chiffres se posent sur les notes de basse pour représenter l'harmonie.

Un chiffre ne représente pas seulement l'intervalle qu'il indique, mais il en sous-entend toujours un ou plusieurs autres.

Par exemple un 2 sous-entend $\frac{4}{2}$ et quelquefois $\begin{smallmatrix}6\\4\\2\end{smallmatrix}$.

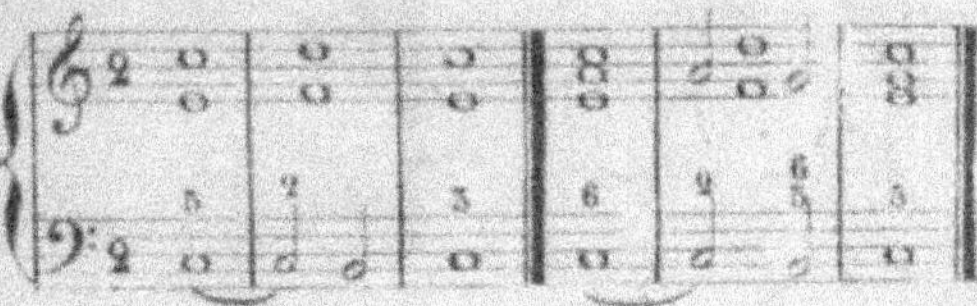

Un 5 sous-entend $\frac{5}{3}$ ou $\begin{smallmatrix}8\\5\\3\end{smallmatrix}$. L'accord parfait se chiffre par un 5 lorsque la résolution d'une dissonance se fait sur la tierce.

Cependant quand on chiffres plusieurs tierces de suite, il ne faut pas d'autre note d'accompagnement.

EXEMPLE.

Un 4 sous-entend $\frac{5}{4}$; mais le quatre précédé d'une croix +4 indique l'accord de triton qui s'accompagne de seconde et sixte.

EXEMPLE.

Un 5 sous-entend $\begin{smallmatrix}5\\3\end{smallmatrix}$.

Un 6 sous-entend $\begin{smallmatrix}6\\3\end{smallmatrix}$.

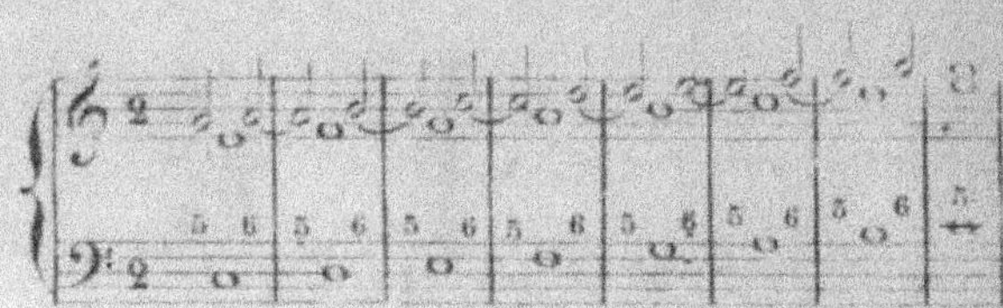

Un 7 sous-entend $\begin{smallmatrix}7\\3\end{smallmatrix}$ et quelquefois $\begin{smallmatrix}7\\5\\3\end{smallmatrix}$; mais le 7 précédé d'une croix +7 indique la septième dominante sur la tonique, alors le 7 sous-entend $\begin{smallmatrix}+7\\5\\4\\2\end{smallmatrix}$.

Un 8 sous-entend $\begin{smallmatrix}8\\5\\3\end{smallmatrix}$.

L'accord parfait se chiffre par un 8 quand la résolution d'une dissonance se fait sur l'octave.

Un 9 sous-entend $\begin{smallmatrix}8\\5\\3\end{smallmatrix}$.

Quand il y a plusieurs 8 de suite ils n'indiquent que des unissons.

Quelquefois deux chiffres en sous-entendent un ou plusieurs autres.

Par exemple $\begin{smallmatrix}4\\3\end{smallmatrix}$ sous-entendent $\begin{smallmatrix}6\\4\\3\end{smallmatrix}$; $\begin{smallmatrix}6\\5\end{smallmatrix}$ sous-entendent quelquefois $\begin{smallmatrix}6\\5\\3\end{smallmatrix}$.

$\begin{smallmatrix}4\\2\end{smallmatrix}$ sous-entendent quelquefois $\begin{smallmatrix}6\\4\\2\end{smallmatrix}$.

$\begin{smallmatrix}9\\7\end{smallmatrix}$ sous-entendent $\begin{smallmatrix}9\\7\\5\end{smallmatrix}$, et quelquefois $\begin{smallmatrix}9\\7\\5\\3\end{smallmatrix}$.

Pour éviter la difficulté de savoir si on doit ajouter un ou plusieurs intervalles aux chiffres indiqués, il ne faut accompagner qu'à trois parties en ajoutant l'intervalle le plus essentiel à chaque chiffre seul, et n'ajoutant rien lorsqu'il y a deux chiffres; par ce moyen on sera sûr de ne jamais faire de faute, car il vaut mieux retrancher une note peu essentielle à un accord, que d'en ajouter une que l'accord ne comporte pas.

Ainsi on accompagnera un 2 par $\frac{4}{2}$; un 3 par $\frac{8}{3}$, ou $\frac{5}{3}$; un 4 par $\frac{5}{4}$; un +4 par $\frac{+4}{2}$; un 5 par $\frac{5}{3}$; un 6 par $\frac{6}{3}$; un 7 par $\frac{7}{3}$; un +7 par $\frac{+7}{2}$; un 8 par $\frac{8}{3}$; un 9 par $\frac{9}{3}$; et tous les doubles chiffres tels qu'ils seront, sans y rien ajouter.

Ce moyen ne peut jamais induire en erreur car l'harmonie la plus pure est à trois parties.

EXEMPLE.

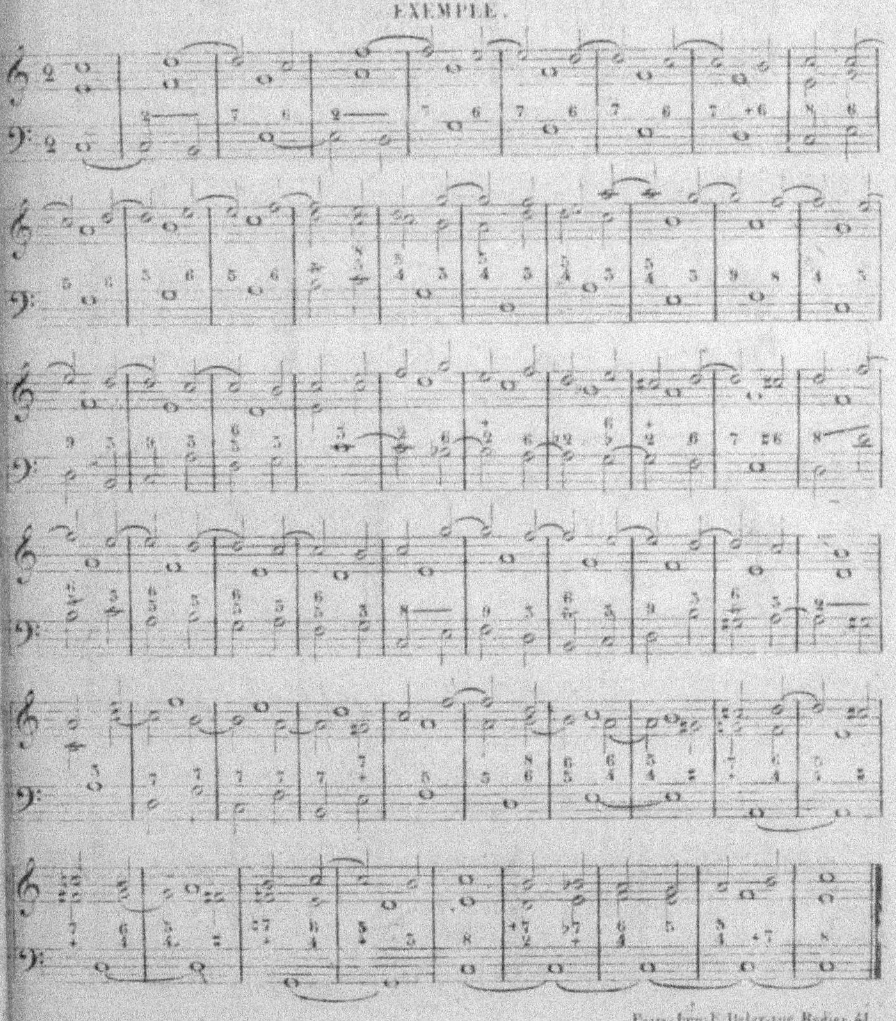

Paris, Imp. E. Delay, rue Rohier, 41.

On ajoute soit devant, dessus ou dessous les chiffres, des signes qui altèrent certains intervalles indiqués ou sous-entendus par les chiffres.

Ces signes sont: le dièse ♯, le bémol ♭, le bécarre ♮, la croix + et la barre qui traverse le chiffre.

La croix est un signe d'augmentation qui indique une note sensible ou un intervalle augmenté. La barre est un signe de diminution qui indique un intervalle diminué.

Lorsqu'un de ces signes se trouve sans chiffre, il représente une tierce qui subit l'altération indiquée par le signe. *Voyez* Ex: 1er.

Lorsque le signe est sous un chiffre quelconque il représente la tierce à laquelle il fait subir l'altération qu'il indique. *Voyez* Ex: 2e.

Lorsque le signe est devant le chiffre, il altère l'intervalle que représente le chiffre. Ex: 3e.

Lorsque le signe est au dessus du chiffre il désigne l'intervalle sous-entendu au dessus du chiffre. Au dessus du 2 il designe la quarte

Au dessus du $\frac{4}{3}$ il designe la sixte *Voyez* Ex: 4e.

Le chiffre barré indique que l'intervalle est diminué. *Voyez* Ex: 5e.

Quand après un chiffre on tire une barre, l'accord doit être prolongé jusqu'au chiffre suivant. Ex: 6e.

Si l'accord reçoit plusieurs chiffres, et que la barre ne soit placée qu'après un seul, il ne faut prolonger que le son indiqué. *Voyez* Ex: 7e.

Les mots: *Tasto Solo* qui se placent ordinairement sur une pédale, indiquent qu'il ne faut pas faire d'accord de la main droite.

Quand on veut chiffrer la pédale, il faut placer les chiffres suivant l'ordre qu'on donne aux parties dans l'harmonie. *Voyez* Ex: 8.

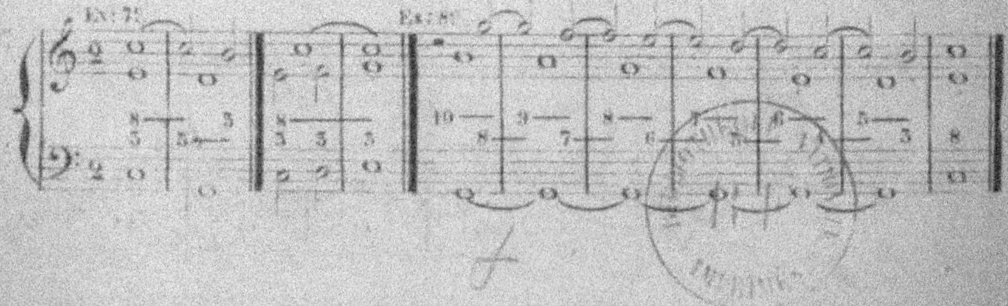

www.ingramcontent.com/pod-product-compliance
Ingram Content Group UK Ltd.
Pitfield, Milton Keynes, MK11 3LW, UK
UKHW022136260726
13993UKWH00003B/1481